RESEARCH ON THE COORDINATED DEVELOPMENT AND
INDUSTRIAL STRUCTURE EVOLUTION OF
RESOURCE-BASED CITIES UNDER THE STRATEGY OF
THE RISE OF CENTRAL CHINA

中部崛起战略下
资源型城市协调发展
与产业结构演变研究

贾培煜 ◎ 著

中国财经出版传媒集团

经济科学出版社
Economic Science Press

图书在版编目（CIP）数据

中部崛起战略下资源型城市协调发展与产业结构演变研究 / 贾培煜著. -- 北京：经济科学出版社，2021.12
ISBN 978 - 7 - 5218 - 3263 - 1

Ⅰ.①中… Ⅱ.①贾… Ⅲ.①城市经济—经济发展—研究—中国②产业结构调整—研究—中国 Ⅳ. ①F299.21②F269.24

中国版本图书馆 CIP 数据核字（2021）第 250552 号

责任编辑：朱明静
责任校对：孙　晨
责任印制：王世伟

**中部崛起战略下资源型城市协调发展
与产业结构演变研究**

贾培煜　著

经济科学出版社出版、发行　新华书店经销
社址：北京市海淀区阜成路甲 28 号　邮编：100142
总编部电话：010 - 88191217　发行部电话：010 - 88191522
网址：www.esp.com.cn
电子邮箱：esp@esp.com.cn
天猫网店：经济科学出版社旗舰店
网址：http://jjkxcbs.tmall.com
北京季蜂印刷有限公司印装
710×1000　16 开　15.25 印张　220000 字
2021 年 12 月第 1 版　2021 年 12 月第 1 次印刷
ISBN 978 - 7 - 5218 - 3263 - 1　定价：68.00 元

前　言

自中部崛起战略实施以来，中部六省①积极响应国家政策，落实国家给予的各类优惠政策，并与自身发展优势相结合，探索适合自身的经济发展道路。中部地区资源型城市依托资源发展经济的模式在很长一段时期内为国家和中部地区提供了重要的能源资源，支撑了中部地区的发展。但随着人民生活水平的提高、经济发展阶段的演进，资源型城市的产业部门内部结构不合理、资源可持续利用能力不足、经济转型迫在眉睫等问题逐步显现，资源经济发展模式逐渐成为中部地区经济发展的制约因素之一。国家陆续提出新发展理念、生态文明建设、产业提质增效、经济高质量发展等一系列重大战略举措，支撑了地区经济转型发展，表明我国促进经济健康、可持续发展的决心。在国家和地区的总体发展框架下，中部资源型城市不能再依赖资源，特别是不可再生资源的大规模开发带动经济发展。同时，在资源枯竭、环境污染、生态破坏、产业结构比重严重失调、经济增速下行压力增大的现实情况下，中部地区资源型城市如何将经济发展与生态保护相协调已经成为亟待解决的重要问题。

从协调发展层面看，大力促进经济系统与生态系统相协调，是解决中部地区资源型城市协调发展的根本途径和必然选择，本书通过构建中部地区资源型城市经济与生态指标体系，对中部六省和各省域资源型经济与生态进行耦合度和耦合协调度两方面的评价，并通过时空分布研判其演变趋

---

① 中部六省一般指中部地区，包括山西省、河南省、安徽省、湖北省、江西省、湖南省。

势，通过回归分析解释其影响因素。从产业结构层面来看，产业发展理论主要研究产业发展过程中的发展规律、发展周期、发展政策等问题。本书使用动态偏离—份额分析法，研究中部六省和各省域资源型产业的结构素质与竞争力素质演进态势；使用产业结构熵，研究中部六省和各省域资源型产业的结构离散与多样性问题。通过回归分析，解释产业结构变动的影响因素。

从经济地理视角出发，结合区域发展战略管理方法，通过协调发展水平和产业结构演变两个方面，对中部地区及其资源型城市经济社会发展亟须解决的协调发展和产业发展提出对策建议，以期为中部崛起贡献绵薄之力。

本书由贾培煜撰写，在写作过程中参考了诸多同类论著和论文，借鉴了许多学者的研究成果，在本书出版之际，向各位专家学者表示由衷的感谢。同时感谢课题组的各位同事和项目参与者的辛勤付出，感谢他们的鼎力支持。

基金项目

本书得到以下基金项目资助：

［1］2020 年度山西省高等学校哲学社会科学研究项目"转型发展视角下资源型城市产业结构演变、影响因素及发展对策研究"（No. 2020W130）；

［2］2019 年山西省留学人员科技活动择优资助项目"山西资源型地区协调发展战略与产业结构升级对策研究"；

［3］2019 年山西省哲学社会科学课题"资源型地区转型视角下山西产业发展对策研究"（No. 2019B363）；

［4］山西省高等教育"1331 工程"提质增效建设项目"服务流域生态治理产业创新学科集群建设项目"；

［5］2020 年太原师范学院研究生教育创新项目"中部崛起战略下资源型城市产业结构及竞争力演变——以山西省为例"（No. SYYJSJC‑2004）；

［6］2019 年山西省高等学校大学生创新创业训练计划项目"中部地区产业结构升级演变研究"；

［7］2019 年山西省社科联重点课题"山西省生态—资源—经济协调发展研究"（No. SSKLZDKT2019080）。

目　录

第三篇　中部六省资源型城市产业结构演变研究

第一篇

理论基础与区域现状

第1章 导　论

1.1　区域发展战略对地区发展的宏观影响

区域发展战略是在对特定区域整体发展现状分析和评估的基础上，研判发展态势、机遇、挑战、压力等区域发展影响因素，评价发展潜力、方式、承载力等条件，作出的对地区发展具有重大战略意义的全局性、长远性、关键性的谋划和决策。区域发展战略的目的在于增强区域的发展能力和综合竞争力，促进区域经济社会与生态协调发展，以此推动区域一定时期内战略目标的实现。科学制定区域发展战略并严格实施，与区域社会经济发展的各个方面密切相关，对社会主义建设的全面推进具有重要意义（朱红阳等，2020）。

区域发展战略是促进区域经济发展的主要手段。由于资源禀赋、集聚经济及距离成本等影响因素的存在，各地区经济特点和发展水平千差万别。以我国中部地区为例，中部六省地处我国内陆腹地，其经济结构、经济区位、享有的国家政策等具有一定的相似性，但由于各省发展的本底条件、资源禀赋、所处经济发展阶段等均存在明显的差异，故需要各省在国家战略的指引下制定和实施对本省具有明确针对性的区域发展战略。一般说来，区域发展战略可有效促进区域内经济增长，改善区域内经济发展的发散趋势，同时缩小该区域与其他区域的经济发展差距，有助于中国区域经济协调发展（吉新峰，2011）。

区域发展战略有利于扩大区域投资规模。区域发展战略一旦制定并获批，就有了权威性和"法定"地位，一方面，可以有效避免因地方政府领导人更换带来的区域发展定位及发展方向的变化，在投资者心中形成较为稳定的区域发展预期，增强投资信心；另一方面，促使本区域形成政策"洼地效应"，相应的区域发展战略带来优惠的土地政策、税收政策等，有利于吸引更多资本进入本区域（王瑞等，2015）。

区域发展战略有利于促进区域产业发展、结构优化。区域发展战略的实施能够在一定程度上改善区域基础设施条件；完善区域合作机制，促进不同地区产业合作；改善本区域贸易环境等。而客观上一切影响经济增长的因素都会或多或少地对产业结构的变动产生影响（王瑞等，2016），因此科学的区域发展战略能够促进区域产业结构的良性变动。

区域发展战略有利于促进地区创新能力的提升。区域发展战略是区域政策制定的基础和依据，一方面，政府对区域研究与开发（research and development，R&D）的补贴以及促进区域发展的政策有助于清除区域创新障碍和降低区域创新成本；另一方面，有利于创新企业成立和发展的资本市场的建立，能够在很大程度上改善区域创新环境（郑长德，2012）。

区域发展战略有利于推动地区生态环境质量的改善。高效经济与生态经济无法割裂（王瑞，2017），各地区在推动区域经济发展的同时必然会制定相应的生态修复与保护计划。将区域发展战略与区域生态环境的变化相结合（王瑞，2017），能够从政策角度加大生态建设与环境保护力度，建设具有区域特色的生态保护体系，高效利用自然资源的同时最大限度降低能耗，从而促进区域生态环境质量向好发展。

1.2 经济地理学与区域发展战略管理结合研究地区发展的创新点

经济地理学作为自然科学和经济科学之间的交叉学科，在回答国家和各种范畴区域的最佳结构和最佳发展问题上体现出了明显的学科优势和专业性（陆大道，2011）。而区域发展战略是包含经济、社会、文化、生态及政治"五位一体"的综合发展战略（谢里等，2014）。从经济地理学视角研究区域发展战略，可以将交叉学科的研究方法和思维融入区域发展战略研究，给予一个区域未来社会经济等多方面发展的策略优化、结构优化、格局优化方案。区域发展战略管理要求区域适应区域总体发展需求，符合发展理念，落实国家重大发展计划，深化管理体制改革，创新区域发展机制，可以为区域发展做好顶层设计。将经济地理学专业知识创新性地运用到区域可持续发展领域，并在战略研究和国家规划方面发挥学科作用，有利于更科学、更全面地研究区域发展现状和区域未来走向，也将对新时代我国社会经济的转型发展作出突出贡献（陆大道，2011）。

第 2 章　理论与研究现状

2.1　理论基础

2.1.1　生态经济学

生态经济学是一门研究和解决生态经济问题、探究生态经济系统运行规律的经济科学，旨在实现经济生态化、生态经济化和生态系统与经济系统之间的协调发展并使生态经济效益最大化。1968 年，美国经济学家保尔丁首先提出了把生态学与经济学结合的经济思想，但真正引起人们普遍关注的是 1972 年麦多斯发表的研究报告《增长的极限》（王万山，2001）。

中国生态经济理论研究起步于 1980 年，1984 年后进入活跃阶段。中国生态经济学紧跟世界生态经济学的步伐，把可持续发展理论和产权制度理论等最新理论融入生态经济学，并逐步把生态经济学从最初始的农业生态经济学范畴扩大成一个完整的学科体系并扩充到多个分支领域，如城市生态经济学、旅游生态经济学、资源生态经济学、企业生态经济学、环保产业研究等。中国的生态经济理论研究正走向理论与实践的紧密结合（王万山，2001）。

生态经济学由生态系统和经济系统两个子系统有机结合而成，其运行受到经济规律和生态平衡规律的共同制约。因此，生态经济学的一个核心问题就是如何达到生态与经济的平衡，实现生态经济效益（尤飞等，2003）。在我国，经济迅速发展和人口急剧增加带来的各种生态与经济不协调问题对转变传统经济发展模式，追求经济可持续发展提出了要求，与此相适应，生态经济学应运而生，它是可持续发展思想建立的理论基础（王松霈，2003）。

2.1.2 可持续发展理论

可持续发展是指既满足当代人的需要，又不对后代人满足其需要的能力构成危害的发展。1962 年《寂静的春天》问世，书中所叙述的事实引发全球极大的震动。其后国外学者相继在 20 世纪 70 年代发布了《增长的极限》《只有一个地球》《濒临失衡的地球》等著作，进一步对全球的传统发展模式敲响了警钟。世界环境与发展委员会 1987 年发布了布伦特莱报告《我们共同的未来》，其作为纲领性文件奠定了可持续发展的框架基础。1989 年 12 月 22 日，联合国大会通过了决定召开环境与发展全球首脑会议的决议。1990 年，联合国组织起草世界环境与发展大会主要文件《21 世纪议程》。1992 年 6 月 3 日至 14 日，联合国在里约热内卢召开世界环境与发展大会，102 个国家首脑共同签署了《21 世纪议程》，发表里约宣言，积极接受了可持续发展理念，一种全新的发展观——可持续发展，终于成为整个人类的共识。

可持续发展是几千年来人类发展经济正反两个方面经验的总结，同时为当代经济的高速发展、协调发展和接续发展指明了方向。可持续发展既是一个重要的经济范畴，也是一个生态与经济相结合的范畴。从人与自然的关系来看，社会经济发展过程中呈现出来的生态与经济矛盾，很大程度上是人与自然的不协调关系引起的，因此在实践中，如何制定并采取相关政策措施促进人与自然协调发展，是可持续发展的根本任务；从人与人的关系来看，公平性是实现经济社会可持续发展的重要环节，这就要求人们在利用自然实现经济发展的过程中兼顾代内公平和代际公平，不以损害他人和后代的发展利益为代价；从当前与长远的关系来看，持久性是可持续发展的基本着眼点，它来源于经济发展中自然资源供给的持久性和生态环境对污染容纳的持久性，这就要求人们充分认识和正确对待资源和环境承载的有限性，正确处理当前需求和长远发展的关系，以实现社会经济的持续发展（王松霈，2003）。

2.1.3　协调发展理论

协调发展是系统或系统内各要素在和谐一致、配合得当、良性循环的基础上由低级到高级、由简单到复杂、由无序到有序的总体演化过程（李孟秋，2010），是以系统或系统内各要素的相互适应、相互配合、相互协作和相互促进为前提的社会发展（王维国，1998）。协调发展理论认为协调发展不能只注重一个系统或要素的增长，应该重视整体利益，充分体现综合性和整体性的特点。

协调发展系统效益是协调发展系统运行所产生的经济效益、社会效益和生态效益（"三效益"）的同步提高，综合地反映了由人口、社会、经济、科技、资源与环境组成的协调发展系统的整体性、协调性和有序性特征，是协调发展最根本的理论范畴。协调发展系统的运行过程实质上是经济再生产、社会再生产和生态再生产三者相互交织、相互推动的过程，其最终目的是通过人类的资源利用和劳动开发实现经济效益、社会效益和生态效益的同步提高，而实现协调发展系统中资源、生态、经济的动态平衡是必由之路。也就是说，资源、生态、经济的动态平衡与"三效益"同步提高之间存在相互制约、相互影响的辩证关系（王维国，1998）。因此，对如何促进社会发展中资源、生态、经济动态平衡的研究是践行协调发展理论和实现社会经济可持续的关键。

2.1.4　"两山"理论

2005 年 8 月，时任浙江省委书记的习近平同志在浙江安吉考察时首次提出了"绿水青山就是金山银山"的重要论述。① 2015 年 3 月，中共中央政治局召开会议，通过了《关于加快推进生态文明建设的意见》，正式把"坚持绿水青山就是金山银山"的理念写进中央文件，成为中国加快推进生态文明建设的重要指导思想。② "两山"理论深刻阐明了经济发展与生态保护的辩证关系，是中国传统生态智慧的现代化表达，也是马克思主义生态观的中国探索。到今天，"两山"重要思想已形成了一套完整的理论体系，成为我国推进生态文明建设的重要指导思想，极大地影响和改变了我国的发展理念和发展方式。

"绿水青山"和"金山银山"是论述我国经济发展与生态环境关系时多次提到的两个概念。所谓"绿水青山"就是指人类实现长久和永续发展所必需的优质生态环境，是自然本身所蕴含的生态价值和生态效益；"金山银山"则是以物质生产为基础的维持人类生存和发展的一切社会物质条件，是人类开发和利用自然时产生的经济价值和经济效益。二者之间相互对立又相互统一。"绿水青山"是实现"金山银山"的前提和基础，也是"金山银山"发展到一定程度的最终目的和归宿。自然资源和自然环境自身所蕴含的生态价值和生态效益本身就是自然赋予人类最淳朴、最丰富的经济价值和经济效益；人类对经济价值和经济效益的追求达到一定程度后必须将生态—经济协调发展作为人类社会永续健康发展的保证。"绿水青山就是金山银山"实际上指明了根本价值取向一致为基础的人类与自然冲突的最终走向（黄承梁，2018）；"金山银山"是维持"绿水青山"的物质保障。"绿水青山"作为一个需要长期维持、不断改善的生态系统，其改善和保护离不开物质保障。人类在敬畏和尊重自然规律、承认和保护自然价值的同时，也要通过科学合理的实践活动有目的、有意识地征服和改

---

①　践行"绿水青山就是金山银山"理念 15 载绘就之江新画卷［EB/OL］. 中国新闻网，https://www.chinanews.com.cn/gn/2020/08-13/9263716.shtml，2020 – 08 – 13.

②　绿水青山"变成"金山银山的财政密码［EB/OL］. 中国财经网，http：//www.cfen.com.cn/sjd/jx/201707/t20170720_2654577.html，2020 – 02 – 10.

造自然，使之符合人类社会发展的规律和趋势，在顺应和改造中寻求生态保护和经济发展的动态平衡。

2.1.5　山水林田湖草沙是生命共同体

2013 年 11 月 9 日，习近平总书记在《关于〈中共中央关于全面深化改革若干重大问题的决定〉的说明》中提出"山水林田湖是一个生命共同体"的理念和原则，并论述了生命共同体内在的自然规律；① 2017 年 7 月，中共中央办公厅、国务院办公厅印发《建立国家公园体制总体方案》中将"草"纳入山水林田湖同一个生命共同体中，进一步丰富和完善了"生命共同体"的内涵；② 2018 年 5 月 18 日至 19 日，习近平总书记在全国生态环境保护大会上再次强调"山水林田湖草是生命共同体，要统筹兼顾、整体施策、多措并举，全方位、全地域、全过程开展生态文明建设"。③ 2019 年 9 月 18 日，习近平总书记主持召开黄河流域生态保护和高质量发展座谈会，提出要保障黄河安澜，必须紧紧抓住水沙关系调节这个"牛鼻子"，要完善水沙调控机制，解决九龙治水、分头管理问题。④ 2020 年 10 月，中共中央、国务院印发《黄河流域生态保护和高质量发展规划纲要》指出，统筹推进山水林田湖草沙综合治理、系统治理、源头治理。至此，把"沙"纳入了山水林田湖草系统治理当中。⑤

从"山水林田湖"到"山水林田湖草"，再到"山水林田湖草沙"，

---

① 关于《中共中央关于全面深化改革若干重大问题的决定》的说明［EB/OL］. 共产党员网，https：//syss. 12371. cn/2015/05/20/ARTI1432103280077876. shtml，2013 - 11 - 09.

② 中共中央办公厅　国务院办公厅印发《建立国家公园体制总体方案》［EB/OL］. 中华人民共和国中央人民政府网站，http：//www. gov. cn/zhengce/2017 - 09/26/content_5227713. htm，2017 - 09 - 26.

③ 张修玉，施晨逸，裴金铃. 积极践行"山水林田湖草统筹治理"整体系统观［EB/OL］. 光明网，https：//m. gmw. cn/baijia/2020 - 12/08/34441606. html，2020 - 12 - 08.

④ 习近平：在黄河流域生态保护和高质量发展座谈会上的讲话［EB/OL］. http：//www. xinhuanet. com/politics/leaders/2019 - 10/15/c_1125107042. htm，2019 - 10 - 15.

⑤ 中共中央　国务院印发《黄河流域生态保护和高质量发展规划纲要》［EB/OL］. 中华人民共和国中央人民政府网站，http：//www. gov. cn/gongbao/content/2021/content_5647346. htm，2021 - 10 - 08.

折射出党和国家对黄河流域治理理念的不断升华，为荒漠化防治事业发展提出了新机遇与新挑战。将山水林田湖草沙看作是一个生态系统，是对"山水林田湖是生命共同体"思想的扩展，只有科学认识山水林田湖草沙生态系统的内在关联，才能提升沙漠化和荒漠化防治工作的系统性、科学性、有效性，也才能筑牢生态安全屏障。把生命共同体的边界扩展到"沙"，不仅科学阐明了荒漠化防治的中国方案和中国智慧，也进一步指明了生态文明建设的系统之道（张云飞和李娜，2022）。生态是统一的自然系统，是相互依存、紧密联系的有机链条。如果破坏了山、砍光了林，也就破坏了水，山就变成了秃山，水就变成了洪水，泥沙俱下，地就变成了没有养分的不毛之地，水土流失、沟壑纵横。可见，"山水林田湖草沙"不仅拓宽了生命共同体理念的内涵和外延，同时也验证了自然生态要素对于人类生存发展的重要意义（李宏伟和刘晓珍，2021）。

2.1.6　生态文明建设理论

生态文明是人们在对传统文明进行反思的基础上，探索建立的一种可持续发展的理论及其实践成果，是继原始文明、农业文明和工业文明之后人类文明的一种新形态，具有伦理性、可持续性、和谐性等基本特征。在这一文明之下，人类由自然的征服者转变为自然的调节者，在尊重自然的同时，公平地分配经济和社会的资源和机会，以追求人与自然、人与人、人与社会的全面和谐，进而推动经济社会的可持续发展（刘静，2011）。生态文明建设理论是在生态文明新形态下提出的，集中体现了人类对人与自然关系的正确认识和科学把握，是与时俱进的。

在我国，生态文明建设是中国特色社会主义事业"五位一体"总体布局和"四个全面"战略布局的重要内容，是"十四五"时期经济社会发展乃至 2035 年基本实现社会主义现代化、21 世纪中叶建成富强民主文明和谐美丽的社会主义现代化强国目标的重要内容，是关系中华民族永续发展的根本大计。

党的十八大以来，党中央带领全国各族人民，为进一步推进生态文明建设、解决生态环境问题、打好污染防治攻坚战，开展了一系列根本性、开创性、长远性工作，我国生态环境保护发生了历史性、转折性、全局性变化，人民群众的生态环境获得感显著增强。2018 年 5 月，习近平总书记在全国生态环境保护大会上发表重要讲话指出，生态兴则文明兴，生态衰则文明衰。生态环境是人类生存和发展的根基，生态环境变化直接影响文明兴衰演替。我们坚决摒弃"先污染、后治理"的老路，坚决摒弃损害甚至破坏生态环境的增长模式。习近平生态文明思想由此确立，该思想系统回答了为什么建设生态文明、建设什么样的生态文明、怎样建设生态文明等重大理论和实践问题，把我们党对中国特色社会主义建设和发展规律的认识提升到了一个新高度。①

中国特色社会主义语境下的生态文明建设，不再是把经济社会发展与生态环境保护对立起来的"一手硬、一手软"，而是从系统工程和全局角度寻求新的治理之道，践行保护生态环境就是保护生产力、改善生态环境就是发展生产力的道理，指明了实现发展和保护协同共生的新路径。当前，我国正处在经济快速发展的工业化、城市化进程中，日益严重的环境污染、生态恶化已经成为制约我国经济社会可持续发展的最大瓶颈。如何把握好中国特色社会主义生态文明建设在经济层面的内涵，节约利用资源，将所有经济活动贯穿生态文明思想，是经济社会可持续发展的关键。除此之外，生态、环境、资源与经济的外部协调程度是反映一个地区或国家经济发展与生态保护之间关系的重要依据。因此，生态文明建设的评价指标体系有利于为中国特色社会主义生态文明建设提供量化标准，将生态文明建设落到实际操作层面，引导地区找准定位和发展目标（刘静，2011）。

---

① 《以习近平生态文明思想引领美丽中国建设》[J]．瞭望，2021（23）．

2.1.7　高质量发展

高质量发展是以满足人民日益增长的美好生活需要为目标的高效率、公平和绿色可持续的发展（张军扩等，2019）。我国"十四五"规划和2035 年远景目标纲要提出"以推动高质量发展为主题"，这是根据我国发展阶段、发展环境、发展条件变化作出的科学判断（王昌林，2020），也是我国进入新发展阶段的战略选择，关系着我国社会主义现代化建设全局。

推动高质量发展重点是促进经济、政治、社会和生态环境全方位的、协调的发展（张军扩等，2019），其中核心是经济发展的高质量，经济高质量发展是比经济增长质量范围更宽、要求更高的质量状态，更能体现新时代的新思想和新变化。实现经济高质量发展，首先要加速经济结构优化调整，促进产业结构优化升级；其次要推动区域协调共享，改变区域发展不协调现状；除此之外必须重视生态文明建设，减少污染排放和资源依赖，提高发展可持续性（魏敏等，2018）。由此可见，关注产业结构问题和生态—经济协调发展问题，重视中部地区发展具有现实意义。

高质量发展要求我国经济要从主要依靠增加物质资源消耗实现的粗放型高速增长，转变为依靠技术进步和提高劳动者素质实现的高质量发展。新时代我国高质量发展的要求有：推动发展方式转变，有效应对生产过剩且产品质量不高的突出问题，增强发展的质量优势；实现产业体系和产业结构的转型升级，促进我国产业向国际价值链的中高端迈进；打造环境友好型经济，充分考虑资源利用和环境代价，在经济发展过程中加强生态环境保护，有效利用自然资源，避免过度开发，走绿色发展道路（任保平，2018）。

2.1.8　中部崛起战略

2004 年 3 月，时任总理温家宝在《政府工作报告》中首次明确提出促进中部地区崛起，指出："促进区域协调发展，是我国现代化建设中的一个重大战略问题。要坚持推进西部大开发，振兴东北地区等老工业基地，促进中部地区崛起，鼓励东部地区加快发展，形成东中西互动、优势互补、相互促进、共同发展的新格局。""加快中部地区发展是区域协调发展的重要方面。国家支持中部地区发挥区位优势和经济优势，加快改革开放和发展步伐，加强现代农业和重要商品粮基地建设，加强基础设施建设，发展有竞争力的制造业和高新技术产业，提高工业化和城镇化水平"。随后，相继出台了《中共中央国务院关于促进中部地区崛起的若干意见》（2006）、《国务院办公厅关于中部六省比照实施振兴东北地区等老工业基地和西部大开发有关政策范围的通知》（2007）、《促进中部地区崛起战略规划》（2009）、《国务院关于大力实施促进中部地区崛起战略的若干意见》（2012）等重要文件，对中部地区在发挥优势、加快崛起的关键时期作出了政策部署和发展指引（周宏亮，2012）。

中部崛起是我国区域经济协调发展战略的重要组成部分，是根据科学发展观所确立的高瞻远瞩、统揽全局、面向未来的重大决策（孟卫华等，2011），对中部六省政治、经济、社会等各方面发展均具有重大的战略意义。中部崛起战略的含义主要有以下四个方面：一是中部六省发展速度和居民生活水平均高于全国平均水平；二是中部地区要逐步缩小与东部地区的发展差距，追赶西部地区的发展速度；三是中部六省和谐社会的构建程度高于全国平均程度；四是中部六省区域协调发展水平和融入经济全球化的程度高于其他三个区域的平均水平和程度（孟卫华等，2011；苏昌贵等，2006）。作为国家发展战略功能在中部地区的具体化体现，中部崛起战略对中部地区的全面发展提出了新要求：首先，中部六省要明确区域发展目标和定位，在发展中结合中部实际，突出中部特征，体现中部特色；其次，中部地区要在发挥传统产业优势的同时瞄准战略性新兴产业，不断增强技术研发能力，推动产业优化升级；除此之外，中部地区各省既要张扬个性、竞相发展，又要发挥各自比较优势，分工协作、联动发展（周宏亮，2012）。

2.2　协调发展领域研究现状

2.2.1　国外研究动态

2.2.1.1　理论分析

1962 年，美国学者蕾切尔·卡森（Rachel Carson）在《寂静的春天》一书中通过描述农药对人类环境的危害揭示了传统经济发展模式对环境造成的负面影响，给沉浸在经济高速增长中的人类当头一棒，同时也掀起了各界学者对经济发展与环境保护之间关系的热切关注，标志着人类首次关注环境问题。1968 年，美国学者肯尼斯·鲍尔丁（Kenneth Boulding）提出生态学和经济学相结合的思想。1972 年，丹尼斯·米都斯（Dennis L. Meadows）等学者发表的研究报告《增长的极限》使人们认识到经济、生态、环境、社会是一体的（张琪，2019）。1977 年 E. J. 米香（E. J. Mishan）在其著作《经济增长辩论》（*Economic Growth Debate*）中提出满意理论，即在任何社会都存在生活的最低需求，在此基础上进一步的经济增长仅是锦上添花，不仅不会带来实质性的福利增加，反而导致人类健康和幸福上的负效应。除此之外，英国经济学家舒马赫(E. F. Schumacher)提出的"小型化经济"理论也是 20 世纪 70 年代的著名理论之一，他认为大规模的生产刺激了消费的增长，从而造成了不可再生资源的过度使用和严重短缺以及环境污染，加剧了人与自然的矛盾。20 世纪 80 年代至 90 年代初，国际生态经济学会出版《生态经济》杂志，生态经济学从此建立（蔡宁，1998）。1987 年，世界环境与发展委员会在《我们共同的未来》中首次提出"可持续发展"概念，并制定了经济发展、资源承载和生态协调的相关原则。1992 年 6 月，巴西里约热内卢举办的联合国环境与发展大会通过了《21 世纪议程》《气候变化框架公约》等文件，将经济发展和环境保护密切联系在一起，并提出可持续发展战略，使可持续发展由理论走向全球范围内的实践活动，具有里程碑意义（戴云菲，2016）。2001 年，由 23 名世界著名可持续发展研究者在《科学》（*Science*）上发表论文《可持续性科学》（*Sustainability Science*），整合与提升了现有可持续发展的研究成果，正式提出了可持续性科学的概念，使可持续发展从思想走向科学，最终形成协调与创新的理论和实践体系（Kates R. et al.，2001）。

2.2.1.2 实证分析

在理论研究不断深入的同时，国外学者运用定量分析方法，对生态环境与经济社会发展之间的关系进行了一系列丰富的实证分析。

部分学者运用定量分析方法，对地区协调发展水平进行了测度分析。如伯恩等（Byrne et al.，1996）通过构建中国能源、环境与经济可持续发展的评价模型，分析了三系统之间的定量关系。奥利维拉等（Oliveira C. et al.，2004）运用输入—输出分析方法，通过构建经济—能源—环境多目标线性规划模型，分析能源、经济与环境之间的内在联系，旨在使决策者能够评估由于经济活动变化造成的环境负担与不同的政策措施是否符合，从而提升政府决策水平、推动可持续发展策略的提出。单长青等（2011）运用耦合协调度模型，定量分析了 2006~2009 年黄河三角洲滨州市地区环境与经济协调发展水平。研究结果表明，滨州市环境与经济协调发展度逐年提高，经济发展与环境保护逐步趋于协调。张正勇等（2011）运用耦合协调度模型，定量分析了 1998~2002 年乌鲁木齐社会环境与经济发展的耦合协调水平。王如松等（Wang R. et al.，2011）以社会—经济—自然复合生态系统的理论和方法为基础，以扬州市和盐城市大丰区两个典型案例为例，探讨了其生态发展问题。陆惠玲等（Lu Huiling et al.，2017）构建了评价子系统发展的指标体系，采用主成分回归分析定量评价 1983~2014 年盐池县自然、经济和社会因素对生态经济系统耦合协调程度的影响。结果表明，1983~2014 年盐池县生态经济系统的耦合和协调程度逐步提高。陈田田等（Chen Tiantian et al.，2017）基于 1990 年、2000 年和 2010 年横断山脉地区的陆地卫星图像，运用 ESV 和 EEH 模型，分析了横断山脉地区生态与经济协调关系、演化特征和聚合模式。结果显示，1990~2000 年，生态系统出现恶化；2000 年以后，由于中国政府实施"退耕还林（草原）"计划，生态系统得到明显改善。

1991 年，格罗斯曼（Grossman）和克鲁格（Krueger）以 42 个发达国家的面板数据为依据，通过计量经济学方法，发现生态环境质量与城市经济增长出现倒"U"型演变规律，提出了环境库兹涅茨曲线（简称 EKC）理念。随后，学者们基于定量分析方法，选取不同的研究区域，对环境库兹涅茨曲线进行了验证。如斯特恩等（Stern D. I. et al.，2001）以高收入国家为研究对象，使用全球样本与倒"U"型函数，研究发现人均硫排放量是人均收入的单调函数，且排放量的减少与时间而非收入相关。宋涛等（Song T. et al.，2007）利用中国 29 个省（区、市）1985～2005 年面板数据，检验经济发展与污染物排放之间的环境库兹涅茨曲线是否存在。研究表明，环境库兹涅茨曲线在中国同样存在，且随着经济的增长，环境污染问题愈发严重，只有少数高收入地区环境得到改善，大部分省份的环境恶化问题仍然严峻。董锁成等（Dong Suocheng et al.，2010）基于中国1985～2007 年 30 个省级行政区环境污染与经济增长面板数据，运用面板协整工具和动态最小二乘法（DOLS）对环境库兹涅茨曲线进行了实证检验。结果显示我国工业废气污染、工业废水污染和工业固体废弃物污染变量与经济增长变量之间存在长期协整关系，且变量间均呈现出显著的倒"U"型环境库兹涅茨曲线关系。阿尔萨马拉等（Alsamara M. et al.，2018）利用 1980～2017 年的面板数据和环境污染的两个替代指标（二氧化碳和二氧化硫排放），考察了海湾合作委员会区域环境库兹涅茨曲线假设的有效性。研究结果表明，海湾合作委员会区域实际人均国内生产总值与两项环境指标之间存在长期倒"U"型关系。张宇等（Zhang Y. et al.，2019）利用 121 个国家 1960～2014 年制造业和建筑业二氧化碳排放数据，对环境库兹涅茨曲线假设进行检验，计算环境库兹涅茨曲线假设成立国家的拐点。此外，对四个收入水平的环境库兹涅茨曲线存在性的检验结果表明，高收入国家所拥有的国家比例较高，验证了 EKC 假设并达到了目标。帕纳策雷姆斯（Tzeremes，2019）利用时变方法测量了 1997～2012 年中国 30 个地区的碳排放量。结果表明，居民收入对二氧化碳排放的影响从西部地区到中部和东部地区逐渐减弱，且环境库兹涅茨曲线的有效性只适用于部分地区，而 n 型曲线适用于中国大部分地区。

2.2.2　国内研究动态

我国学者对于生态、社会、经济协调发展的研究起步较晚，但发展速度较快，已有不少学者对地区协调发展水平进行了较深入的研究。

2.2.2.1　理论分析

王海建在 1999 年发表的《资源环境约束之下的一类内生经济增长模型》中利用内生经济增长模型，将耗竭性资源纳入生产函数，讨论了资源利用、人均消费与环境质量在长期增长过程中的相互关系。何一农、胡适耕于 2004 年发表的《环境污染、内生人口增长与经济增长模型》一文中把环境污染与生产总量联系起来，用消费物质多少、环境好坏及人口增长率高低这三个因素建立环境内生人口增长的经济增长模型，并按照微分方程的稳定性理论对模型进行了均衡分析和动态分析。陈祖海、熊焰在 2006 年发表的《基于环境与经济协调发展的环境容量分析》中建立了外部效应内在化的生产函数和效用函数，得出了企业生产应该将经济效益与环境容量相结合，政府应该根据环境容量来调节污染税的结论。

2.2.2.2　实证分析

在研究内容方面，部分学者从生态、资源与经济等系统之间的关系进行研究。例如，许振宇等（2008）对湖南省生态、经济系统耦合发展进行了研究，发现其耦合度呈快速上升趋势；洪开荣等（2013）对中部地区资源、环境、经济、社会复合系统的协调发展进行了定量评价与比较分析，发现中部地区整体处于基本协调发展阶段，协调发展水平有待提升，六省之间的协调发展水平具有一定差异；党建华等（2015）对吐鲁番地区人口、经济、生态耦合协调发展进行了分析，得出其耦合协调类型依次为经济滞后型、人口滞后型、生态滞后型；段永蕙等（2017）定量测算了山西省人口、资源环境与经济协调发展水平，发现山西省人口、资源环境与经济协调发展仍存在整体发展水平较低、协调稳定性较差、资源环境发展相对滞后、人力资本不足、区域发展不平衡等问题，基于评价结果提出了相应的对策建议。

在研究视角方面，部分学者分别基于"一带一路"、生态文明、五大发展理念、流域等视角对地区协调发展水平进行分析。例如，吴业鹏等（2017）基于"一带一路"视角，对丝绸之路经济带水资源环境与经济社会协调度进行预测；陈晓红等（2018）以生态文明为视角，对齐齐哈尔市环境、经济、社会耦合脆弱性与协调性进行了研究，发现其耦合脆弱性问题严峻，环境、经济与社会失调发展年份居多，协调年份极少；于洋等（2018）基于五大发展理念，在对我国华北、东北、东部、中南、西南和西北六大区域经济、能源、环境、科技四元系统协调度和发展度科学测算的基础上，评价了我国六大区域四元系统协调和发展之间耦合现状；贺嘉等（2019）以流域为视角，定量分析了金沙江流域环境、经济、社会复合系统耦合协调度演变趋势。

在研究范围方面，对复合系统协调发展的研究涵盖国家、区域、城市群、省级、市域、县域等尺度。例如，李茜等（2015）以全国为尺度，建立了环境保护、经济发展与社会进步三大子系统，从全国和省域两个尺度分析中国生态文明建设和协调发展的时空演化规律；刘满凤等（2017）以鄱阳湖生态经济区为例，对其资源环境与社会经济协调发展进行研究，并提出鄱阳湖生态经济区的发展路径方案；王会芝（2017）通过建立京津冀城市群经济社会与生态环境质量评价指标体系，系统揭示了京津冀城市群经济社会与生态环境协调耦合作用的时空规律；张丽君等（2009）对内蒙古自治区 1991～2006 年社会、资源、生态与经济协调发展状况进行了研究；康玲芬等（2017）以兰州市作为研究对象，对其生态—经济—社会复合系统协调发展水平进行了测度研究；黄磊等（2017）对三峡库区 26 个区县2005~2014年环境—经济—社会复合系统耦合协调发展水平进行了研究。

在研究方法的选取方面，段海燕等（2017）利用协调发展度评价模型，以吉林省为例，设定区域经济社会发展情景，建立人口—经济—能源环境耦合协调发展度预测模型，对吉林省2030年人口—经济—能源环境耦合协调发展度进行预测；黄新焕等（2015）引入灰靶理论中的靶心距用于测度系统实际状态与理想协调状态之间的距离，构建基于靶心距的系统协调度模型，拓展了灰色理论在系统协调状态评价中的应用，为科学评价地区能源—经济—环境系统协调发展提供新方法；王丽等（2016）应用灰色关联模型，对辽宁省能源消费产业和能源消费品种与经济增长的相关性进行实证分析；韩瑞玲等（2015）利用物质流分析方法（MFA）建立物质流账户，分析唐山市在经济—环境系统运行中物质投入量与产出量的阶段特征及物质投入和产出强度对经济发展的影响程度。

在影响地区耦合协调度影响因素的研究方面，李裕瑞等（2014）采用多元回归模型，对影响中国工业化、城镇化、信息化与农业现代化影响因素进行了分析，提出大中型企业发展、道路基础设施建设、城乡居民消费、对农业和农村的社会投资、财政投入及金融支持，对"四化"协调发展具有稳健而积极的影响，而外向型经济发展、城镇投资、教育投资的作用仍有待进一步挖掘；赵建吉等（2020）从对外开放程度、人民生活水平、工业化水平、科技投入、政府能力、城市建设资金投入等方面对黄河流域新型城镇化与生态环境耦合协调发展的动力因素进行了分析；黄杰龙等（2018）采用OLS回归模型检验湖南省森林生态旅游与生态文明耦合协调度的影响因素，得出城镇化水平、产业结构、科技创新与应用、资源环境保护意识、生态文明建设年限等均对其具有显著正向影响。

2.3 产业结构演变研究现状

2.3.1 国外研究动态

2.3.1.1 理论分析

对于产业结构演化理论的研究，最早可以追溯到英国经济学家威廉·配第和科林·克拉克，后人将两位学者对产业结构演化的研究结果进行总结即配第—克拉克定律：随着人均国民收入水平的提高，劳动力首先从第一产业向第二产业转移，当人均国民收入水平进一步提高时，劳动力便向第三产业转移（李兰冰，2015）。库兹涅茨在配第—克拉克研究的基础上，通过对各国国民收入和劳动力在产业间分布结构的变化进行统计分析，认为引起产业结构变化的原因是各产业部门在经济发展中所出现的相对国民收入的差距（杨治，1985）。

1960 年，美国经济学家华尔特·惠特曼·罗斯托（Walt Whitman Rostow）在《经济成长的阶段》中提出了"经济成长阶段论"，将一个国家的经济发展过程分为 5 个阶段（Rostow，1960）；1971 年，他在《政治和成长阶段》中增加了第 6 阶段，依次是传统社会阶段、准备起飞阶段、起飞阶段、走向成熟阶段、大众消费阶段和超越大众消费阶段。

1960 年，日本经济学家赤松要（Kaname Akamatsu）提出雁行形态说。他认为，在产业发展方面，后进国家的产业赶超先进国家时，按照"进口—国内生产—出口"的模式相继交替发展，产业结构的变化呈现出雁行形态（刘再兴，1993）。

1986 年，美国经济学家霍利斯·钱纳里（Hollis B. Chenery）提出，"经济增长是一种非均衡的增长，这种非均衡增长所引起的生产要素从低收益部门向高收益部门的流动必然产生结构效应，并且这种结构对经济增长起着决定性作用"。

1980 年，哈佛商学院教授迈克尔·波特（Michael E. Porter）在《竞争战略》中指出，产业竞争激烈程度和产业的利润率取决于五种基本作用力：潜在进入者、替代品的威胁、买方砍价实力、供方砍价实力、产业竞争对手的竞争。

以上研究从多个角度出发，分析了各个国家在不同阶段的发展特点，为后来的理论研究提供了更科学、合理的理论基础。

2.3.1.2 实证分析

1988年，赛尔昆（Syrquin）分析了从收入较低的农业经济向收入和产值较高的工业经济转变的过程，揭示了产业结构变迁与经济增长速度及其增长模式关系显著。

1995年，格鲁斯曼（Grossman）和克鲁格（Krueger）将经济增长、产业结构等问题相结合，利用全球环境监测系统的数据，检验区域内各项环保指标与人均收入水平之间的关系。他们发现，大多数污染物质的变动趋势与人均国民收入水平的变动趋势呈倒"U"型关系，且污染程度的峰值位于中等收入水平阶段。并据此，他们在文章中提出了环境库兹涅茨（EKC）假说。

2000年，约翰·莱特纳（John Laitner）提出了一个结构变动与经济增长的模型，研究二者之间的互动关系，探讨一个国家经济工业化中保留内生经济增长的倾向性。他认为，一个国家在工业化进程中，储蓄率内生性上升，经济增长率也随之发生变化（John Laitner, 2000）。

2.3.2 国内研究动态

在产业结构调整优化的战略方面，有对资源型城市产业结构优化、产业转型战略、产业结构锁定形成和演化机理、产业结构与城市空间形态耦合等方面的研究。沙景华等（2005）为实现资源型城市产业结构多元化、经济效益提高和可持续发展，结合动态比较费用理论、非平衡增长理论和产业结构变动导向理论提出资源型城市产业结构优化的主要思路：以大同市为代表，用技术改造传统煤炭工业，大力发展高附加值的煤化工业；寻找合适的新型产业，建立新的替代支柱产业。王亮等（2011）从资源型城市的基本属性出发，以石油城市克拉玛依为例，研究产业转型的战略选择。资源型城市产业转型要做好产业结构的优化升级以及城市功能的提升，特别要依据新的国际环境和地域环境做好城市发展战略。研究指出，在新形势下，克拉玛依应利用好现有的产业基础、中亚油气资源合作开发的机遇以及国家政策优势，推进构建产业结构的多元性，确立新的城市功能，借此推进城市产业转型。杨显明等（2015）运用偏离—份额分析法研究了产业结构锁定形成和演化，经过对煤炭型资源型城市工业结构相似性系数、工业行业集中系数、产出锁定系数、就业锁定系数演化的研究，认为煤炭资源型城市产业结构锁定形成与演化会经历产业导入期、弱锁定期、中度锁定期、强锁定期、解锁期 5 个阶段，且各阶段的产业结构特征相异。最后，从资源因素、社会因素、技术因素、市场因素、产业政策因素以及观念因素 6 个方面分析了煤炭资源型城市产业结构锁定形成和演化的机理。焦华富等（2016）以安徽省淮南市为案例，借助国民经济发展统计数据和城市土地利用现状图等资料，以 Arc GIS 空间分析、SPSS 统计分析结果为基础，构建煤炭资源型城市产业结构与城市空间形态耦合评价模型并测度了煤炭资源型城市产业结构演替与城市空间形态演化的耦合过程、特征。最终得出煤炭资源型城市空间形态演化是产业结构演替过程中生产要素通过空间效应作用实现的自我修复结果。

在产业结构演变方面，我国学者的研究多运用 VAR 模型、三轴图、偏离—份额分析法、探索性空间分析技术、产业结构相似系数等定量分析方法。王俊（2007）通过构造一个由消费结构、城镇居民收入水平、第二产业结构和第三产业结构四个变量组成的 VAR 模型，对我国城镇居民的消费结构与产业结构相互作用的关系及其动态特征进行了实证研究。通过设定的模型、格兰杰因果检验、脉冲响应函数、预测方差分解和协整检验，发现消费结构会影响第二产业结构的转换，而收入对产业结构的影响存在双向因果关系。于海楠等（2009）运用"三轴图"法对中国海洋产业结构的演进过程进行分析，得出海洋产业结构呈现出由第一产业占主导，第二、第三产业迅速发展并最终由第三产业占主导地位的"三二一"结构顺序的动态演化过程，在演进模式上是遵循左旋式演进的。王国刚等（2010）运用钱纳里的"标准工业化阶段理论"并结合实际发展，首先对新疆的工业化进程进行了定位；然后建立指标体系，计算了1980～2006年新疆与全国平均的工业结构相似系数、工业—就业结构和区位熵等指标，考察了新疆的工业结构、工业就业结构和工业竞争力水平；最后运用偏离—份额法对比分析了1997～2001年和2002～2006年两个时段的新疆工业结构与竞争力的发展变化。分析表明：新疆处于工业化发展的初期阶段，工业整体结构较低，工业竞争力弱且有下降的趋势，资源型产业产值大、集聚显著。刘宁等（2020）以除港澳台外的31个省（区、市）旅游产业结构水平为面板数据样本，运用探索性空间分析技术考察中国旅游产业结构的空间关联及其演化规律，采用社会网络分析方法揭示中国旅游产业结构的整体网络关联、个体网络特征及空间传导机制。李俊杰等（2020）利用产业结构相似系数，对湖北武陵山片区的产业结构相似度进行测度和比较分析，进一步基于核（Kernel）密度估计法研究其演进趋势。并由所得出的结论从构建产业协同联通机制、打造县域产业梯度结构、创新内部合理化竞争模式等方面推进湖北武陵山片区产业协同优化。

在研究主体方面，我国学者主要进行了对三次产业、制造业、体育产业、旅游产业、海洋产业等相关产业结构的研究。马晓河等（2008）对中国改革开放以来产业结构转换及政策演进进行了研究，提出现阶段中国产业结构仍存在三次产业及其内部结构仍需改善、三次产业劳动生产率的差距扩大、产业结构的能源效益差、发展模式粗放等问题。石敏俊等（2017）基于地级行政单元数据分析了2001～2008年中国制造业产业空间分布演进趋势，并检验了制造业产业结构演进和产业转移对各地区环境污染的影响。任波等（2019）在供给侧结构性改革战略引领下，指出我国体育产业结构优化问题显得尤为重要，他采用产业经济学、新供给经济学等理论，剖析中国体育产业结构的现状、演进机理和演变动因，解析体育产业结构优化的内涵，探寻在供给侧改革战略下中国体育产业结构优化的重点和途径。研究表明，中国体育产业结构不合理。体育产业结构优化有利于将体育产业提升成为新的经济增长点，有利于满足人民群众日益增长的体育需求。雷石标等（2021）提出旅游产业结构优化的影响因素及其作用机理研究，他们研究了旅游产业结构优化的影响因素，得出积极的旅游产业政策因素、旅游产业区位条件因素、旅游产业科技进步因素、旅游产业发展环境因素以及旅游产业区域人民生活水平因素均能够从外部对旅游产业结构优化产生有利影响；在以上影响因素的基础上，研究了旅游产业结构优化的作用机理，选择旅游产业结构优化变量，确定数据来源，总结出旅游产业结构优化的作用机理。李煦等（2021）利用 2010～2016 年的相关数据，采用灰色关联度和动态偏离—份额分析法，分别对上海市海洋三次产业的贡献度以及核心层、支撑层和外围层的动态偏离情况进行量化分析。研究结果表明：在三次产业结构方面，与上海市海洋经济关联度最大的是海洋第三产业，其中海洋第三产业对上海市海洋经济发展发挥最核心的作用等；建议上海市重点扶持交通运输业和滨海旅游业等海洋产业，保持海洋科研教育管理服务业的持续投入等。

研究尺度涵盖全国、经济带、片区、省域、市域、县域等地区。种国双等（2020）基于产业结构升级的视角，分 5 个特征阶段对中国 1949～2018 年国内生产总值、三大产业增加值及占比等数据进行了分析。关伟等（2011）在应用三轴图法研究辽宁沿海经济带产业结构的变化及其轨迹的基础上，利用 SSM 模型及其计算公式对辽宁沿海经济带产业结构进行比较分析。戴永安等（2010）对东北地区 1952～2007 年城市化发展与产业结构演进过程进行了特征分析，通过协整分析与误差修正模型等计量分析方法考察了城市化与代表产业结构演进的工业化和服务业发展之间的长期机制，并进一步分析了三者之间的因果关系。俞金国等（2005）运用三轴图方法绘制出安徽省及各地区产业结构演进解析图，反映出安徽省及各地区产业结构演进的路径与态势，并由此分析出产业结构动态变化的特征及其形成演化机理。张复明等（2007）以太原市为例，研究了不同发展阶段产业演进与城市化发展的特征和机制，并对其未来发展方向进行了讨论。李俊杰等（2020）对 2012～2018 年湖北武陵山片区的产业结构相似度进行测度和比较分析，进一步基于 Kernel 密度估计法研究其演进趋势。

在产业结构影响因素方面，我国学者分别从人力资本配置、消费结构、外国直接投资、产业融合、财税政策、技术进步、城市化等因素考虑，对地区产业结构的影响因素进行实证分析。刘军（2003）定量分析了人力资本对产业结构的影响，认为人力资本配置结构变化是经济结构调整的重要推动力量。人力资本存量和配置推动或制约产业的发展，产业的发展和产业结构演进也促使人力资本合理配置与充分利用。文启湘等（2005）运用和谐理论，通过构建消费结构与产业结构和谐性分析的模型，以河南省为例，建立了消费结构与产业结构的和谐矩阵，对消费结构与产业结构的和谐度进行了测定，并对该和谐度进行了评价分析。刘亚娟（2006）利用改革开放以来的历年数据，分析外国直接投资对我国三次产业比例变化的影响；同时结合不同时期外国直接投资在各产业内的投资偏好以及投资结构的变动趋势，分析外国直接投资对三次产业内部结构变化的影响。唐昭霞等（2008）从微观角度初步揭示了产业融合对产业结构演进的影响，并在此基础上寻求并论证以产业融合带动产业升级的现实对策。黄显林（2013）利用 1997～2010 年的省级面板数据，构建计量模型分析财税政策演进对地区产业结构发展的总体影响效应和地区差异效应。研究发现：财税分权越大，越能提升地区产业结构发展水平；地方税费与地区产业结构发展水平呈负相关，多数支出项目和规模呈较强促进效应，但科教支出呈轻微负相关等。孙正（2017）以 1995～2014 年我国省级面板数据为样本，利用面板向量自回归模型，实证分析了"营改增"改革对我国产业结构升级演进的影响。结果发现：新一轮流转税改革提高了国民经济中第三产业的比重，降低了第二产业的比重，促进了产业结构的升级

演进；且流转税改革对第三产业的影响程度大于第二产业。史学贵等
（2015）通过建立一个包含部门技术进步和对外贸易的三部门增长模型，
考察中国产业结构变化的驱动力问题。结果显示，影响我国产业结构变化
的直接因素是技术进步，而非外贸需求。王卓等（2021）基于 2000～2019
年省际面板数据，以京津冀、长三角、珠三角三大城市群为参照，运用回
归分析和 GMM 估计等计量分析方法探讨川渝城市群城市化发展对产业结
构转型升级的影响。研究表明：川渝城市群城市化水平偏低，川渝城市群
城市化发展逐步推动其产业结构转型升级等，并提出促进川渝城市群发展
的政策建议。

第3章 中部地区生态、经济发展现状

3.1 中部地区生态发展现状

3.1.1 工业废水排放总量

工业废水排放总量是环境统计的主要指标之一，是指由工厂厂区内所有排放口排到厂区外部的工业废水总量，其中包括外排的生产工艺过程废水、直接冷却水、清污不分流的间接冷却水、与工业废水混排的厂区生活污水、矿区超标排放的矿井地下水等。

2008~2017年，中部六省工业废水排放总量整体呈现波动下降趋势且均下降至51000万吨以下，表明经济发展对中部六省生态环境的污染与破坏程度降低，中部六省对污水排放管理力度不断增强。根据中部六省工业废水排放总量的变化程度，大致可分为三个阶段：第一阶段为2008~2010年，除安徽省外其余各省均小幅上升；第二阶段为2010~2015年，除安徽外其余各省都有所下降，但总体变化不大；第三阶段为2015~2017年，中部六省工业废水排放总量均大幅下降。具体来看，河南省工业废水排放总量减少幅度最大，2008~2017年由133144万吨减少至50602.8万吨，减少率为62%，但其排放量仍居中部六省首位；山西省工业废水排放总量最少（见图3-1）。

通过对比中部六省与全国工业废水排放总量可以看出，中部六省工业废水排放总量在2008~2010年逐年增加，在2010~2017年波动下降；而

28

全国工业废水排放总量在 2008～2015 年逐年增加，在 2015～2017 年逐年下降。其中中部六省指标在 2016～2017 年变化幅度最大，全国指标变化幅度较平缓。中部六省工业废水排放总量占全国比重较低，除 2010 年有小幅度增加外，其余年份呈下降趋势，表明中部六省对减少工业废水排放的重视程度较高，工业废水排放总量显著下降（见表 3－1）。

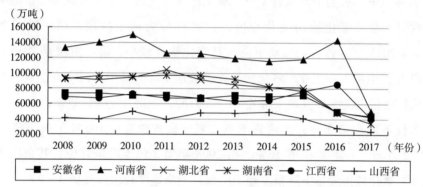

图 3－1　2008～2017 年中部六省工业废水排放总量
资料来源：相关年份《中国统计年鉴》及各省份统计年鉴。

表 3－1　　　　　　　　2008～2017 年中部六省及全国工业废水排放总量

年份	中部六省(万吨)	全国(万吨)	占比(%)
2008	502493.00	5716801.00	8.79
2009	508398.30	5890877.00	8.63
2010	533982.30	6172562.00	8.65
2011	505802.70	6591922.00	7.67
2012	497385.90	6847612.00	7.26
2013	478951.30	6954433.00	6.89
2014	463510.50	7161751.00	6.47
2015	465427.50	7353227.00	6.33
2016	404966.60	7110954.00	5.70
2017	237791.70	6996610.00	3.40

资料来源：相关年份《中国统计年鉴》及各省份统计年鉴。

3.1.2　工业二氧化硫排放量

工业二氧化硫排放量是指企业在燃料燃烧和生产工艺过程中排入大气的二氧化硫总量。

2008~2017 年，中部六省工业二氧化硫排放量呈下降趋势且均下降至 30 万吨以下，表明中部六省工业二氧化硫对空气的污染不断减轻。根据中部六省工业二氧化硫的变化程度，大致可分为两个阶段：第一阶段为 2008~2015 年，各省均波动下降，且变化幅度较小；第二阶段是 2015~2017 年，中部六省工业二氧化硫排放量快速下降。其中，河南省工业二氧化硫排放量由 145.2 万吨下降至 11.83 万吨，下降率为 91.85%，由 2008 年首位下降至第 5 位；山西省工业二氧化硫排放量由 105.8 万吨下降至 25.22 万吨，下降率为 76.16%，由 2008 年第 2 位上升至首位；其余四省工业二氧化硫排放量下降幅度趋于一致且下降速度较缓（见图 3-2）。

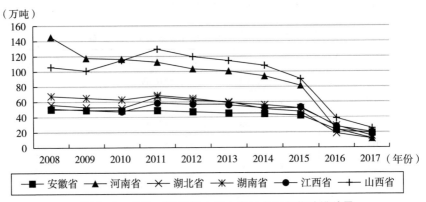

图 3-2　2008~2017 年中部六省工业二氧化硫排放量

资料来源：相关年份《中国统计年鉴》及各省份统计年鉴。

通过对比中部六省与全国工业二氧化硫排放量可以看出，中部六省工业二氧化硫排放量在 2008~2011 年波动上升，在 2011~2017 年逐年下降；全国工业二氧化硫排放量除 2011 年小幅增加外，其余年份呈逐年下降趋势。2008~2017 年，中部六省工业二氧化硫排放量由 475.83 万吨下降至

102.73 万吨, 下降率为 78.4%; 全国由 2321 万吨下降至 696.32 万吨, 下降率为 69.9%, 低于中部六省的下降水平。中部六省工业二氧化硫排放量占全国比重总体上波动下降, 但该数值仍较高, 表明中部六省在经济发展过程中对煤炭、石油等矿产资源的依赖程度有所减轻, 但依托矿产资源的发展仍然是经济增长的主要来源, 且中部六省对工业二氧化硫的处理能力不足 (见表 3-2)。

表 3-2　　　　2008～2017 年中部六省及全国工业二氧化硫排放量

年份	中部六省(万吨)	全国(万吨)	占比(%)
2008	475.83	2321.00	20.50
2009	434.30	2214.00	19.62
2010	440.87	2185.00	20.18
2011	484.06	2217.91	21.83
2012	453.49	2118.00	21.41
2013	434.30	2043.90	21.25
2014	404.11	1974.40	20.47
2015	364.84	1859.10	19.63
2016	160.51	1102.86	14.55
2017	102.73	696.32	14.75

资料来源: 相关年份《中国统计年鉴》及各省份统计年鉴。

3.1.3 建成区绿化覆盖率

绿化覆盖面积是指城市中乔木、灌木、草坪等所有植被的垂直投影面积, 建成区绿化覆盖率是指报告期内在城市建成区的用地范围内, 城市建成区的绿化覆盖面积占城市建成区总面积的百分比。

2008～2017 年, 中部六省建成区绿化覆盖率总体上呈现波动上升趋势且均在 35% 以上, 表明近年来中部六省对当地建成区绿化的重视程度不断提高。江西省 2008 年以后建成区绿化覆盖率保持在 42% 以上, 始终高于其他五省, 但在 2011～2016 年存在较明显的逐年下降趋势。山西省 2017 年的建成区绿化覆盖率与 2008 年相比增长了 5.5%, 在中部六省中由末位

上升到了第 4 位；湖北省 2017 年的建成区绿化覆盖率与 2008 年相比只增
长了 0.8%，在中部六省中增长最少，且由第 2 位降低至末位；安徽省
2017 年的建成区绿化覆盖率与 2008 年相比增长了 6%，在中部六省中增长
最多（见图 3 - 3）。

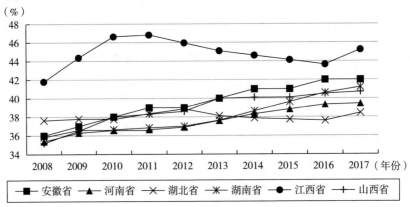

图 3 - 3　2008 ~ 2017 年中部六省建成区绿化覆盖率

资料来源：相关年份《中国统计年鉴》及各省份统计年鉴。

通过对比中部六省与全国建成区绿化覆盖率可以看出，在 2008 ~ 2017
年，中部六省建成区绿化覆盖率逐年上升，全国建成区绿化覆盖率波动上
升。中部六省与全国的建成区绿化覆盖率基本持平，部分年份甚至略高于
全国水平，表明中部六省建成区绿化覆盖水平不断提高且总体上并不落后
于全国水平。2008 ~ 2017 年，全国建成区绿化覆盖率由 37.4% 上升至
40.9%，增幅为 9.4%；而中部六省建成区绿化覆盖率则由 36.97% 上升至
41.17%，增幅为 11.4%，增速高于全国水平。在中部六省建成区绿化覆
盖率高于全国水平的年份里，除江西省外其余各省均存在低于全国水平的
情况，表明中部六省建成区绿化覆盖率与全国水平仍存在一定差距，需进
一步提高建成区绿化覆盖率以促进地区生态环境状况改善（见表 3 - 3）。

表 3 - 3　　　　　2008~2017 年中部六省及全国建成区绿化覆盖率　　　　单位:%

年份	中部六省	全国	差距
2008	36.97	37.40	0.43
2009	38.09	38.20	0.11
2010	38.93	38.60	-0.33
2011	39.32	39.20	-0.12
2012	39.39	39.60	0.21
2013	39.74	39.70	-0.04
2014	40.09	40.20	0.11
2015	40.23	40.10	-0.13
2016	40.61	40.30	-0.31
2017	41.17	40.90	-0.27

资料来源:相关年份《中国统计年鉴》及各省份统计年鉴。

3.1.4　工业污染治理完成投资额

工业污染治理完成投资额是指至报告期末,地区在污染治理项目中实际完成的累计投资额。

2008~2017 年,中部六省工业污染治理完成投资额变化较大,表明中部六省在工业污染治理方面的投资不稳定。其中,江西省工业污染治理完成投资额除 2014~2016 年外居中部六省首位,表明江西省对工业污染治理的重视程度相对较高;山西省工业污染治理完成投资额除 2017 年外均处于六省末位,表明山西省对工业污染治理的重视程度较低。总体来看,中部六省在未来的发展中应当在稳定污染治理投资的同时进一步提高对地区污染治理的重视程度(见图 3 -4)。

通过对比中部六省与全国工业污染治理完成投资额可以看出,中部六省及全国工业污染治理完成投资额在 2008~2017 年均存在较为显著的起伏,但全国的工业污染治理完成投资额相比于中部六省较为稳定。中部六省工业污染治理完成投资额占全国的比重整体波动上升且占比较大(见表 3 -4)。

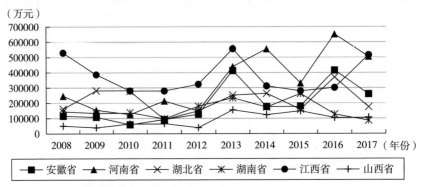

图 3 - 4　2008 ~ 2017 年中部六省工业污染治理完成投资额

资料来源：相关年份《中国统计年鉴》及各省份统计年鉴。

表 3 - 4　　　　2008 ~ 2017 年中部六省及全国工业污染治理完成投资额

年份	中部六省(万元)	全国(万元)	占比(%)
2008	1246845.00	5426404.00	22.98
2009	1103913.10	4426207.00	24.94
2010	942729.90	3969768.00	23.75
2011	842117.19	4443610.00	18.95
2012	966969.09	5004573.00	19.32
2013	2049116.00	8496647.00	24.12
2014	1602062.98	9976511.00	16.06
2015	1355565.10	7736822.00	17.52
2016	1968338.00	8190041.00	24.03
2017	1645871.94	6815345.00	24.15

资料来源：相关年份《中国统计年鉴》及各省份统计年鉴。

3.1.5　森林覆盖率

森林覆盖率是指以行政区域为单位的森林面积占区域土地总面积的百分比。计算公式为：森林覆盖率 = 森林面积 ÷ 土地总面积 × 100%。

2008 ~ 2017 年，中部六省森林覆盖率呈上升趋势且总体变化较稳定。各省之间森林覆盖率存在明显差距。其中，江西省森林覆盖率居中部六省之首且高于全国平均水平近 3 倍；山西省森林覆盖率最低，这可能与山西省地处黄土高原的自然条件有关；河南省森林覆盖率在 2008 ~ 2013 年高于全国平均水平，2013 ~ 2017 年低于全国水平，表明河南省森林覆盖率发展水平逐渐落后于全国水平，森林覆盖率有待进一步提高（见图 3 - 5）。

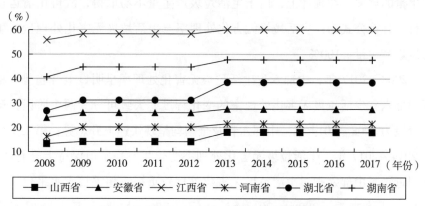

图 3 - 5　2008 ~ 2017 年中部六省森林覆盖率

资料来源：相关年份《中国统计年鉴》及各省份统计年鉴。

通过对比中部六省与全国森林覆盖率可以看出，2008 ~ 2017 年，中部六省与全国森林覆盖率呈上升趋势，且中部六省森林覆盖率均高于全国水平，表明中部六省森林覆盖率水平总体发展良好（见表 3 - 5）。

表 3 - 5　　　　　　　2008 ~ 2017 年中部六省及全国森林覆盖率　　　　　单位: %

年份	中部六省	全国	差距
2008	29. 46	18. 21	- 11. 25
2009	32. 43	20. 36	- 12. 07
2010	32. 43	20. 36	- 12. 07
2011	32. 43	20. 36	- 12. 07
2012	32. 43	20. 36	- 12. 07
2013	35. 54	21. 63	- 13. 91
2014	35. 54	21. 63	- 13. 91
2015	35. 54	21. 63	- 13. 91
2016	35. 54	21. 63	- 13. 91
2017	35. 54	21. 63	- 13. 91

资料来源：相关年份《中国统计年鉴》及各省份统计年鉴。

3.1.6 生活垃圾无害化处理率

生活垃圾无害化处理率指报告期内生活垃圾无害化处理量与生活垃圾产生量的比率。在统计上，由于生活垃圾产生量不易取得，故可用清运量代替。计算公式为：生活垃圾无害化处理率＝生活垃圾无害化处理量÷生活垃圾产生量×100％。

2008～2017年，中部六省生活垃圾无害化处理率呈明显上升趋势。根据中部六省生活垃圾无害化处理率的变化程度，大致可分为两个阶段：第一阶段为2008～2014年，中部六省及全国均呈现快速上升态势；第二阶段为2014～2017年，生活垃圾无害化处理率变化相对稳定但保持上升趋势。表明近年来中部六省对生活垃圾无害化处理较重视，相关技术水平也不断提高。具体来看，2008～2017年，山西省生活垃圾无害化处理率由47.47％上升到94.86％，上升幅度最大，但仍处于六省末位；江西省则始终处于六省首位。到2014年，中部六省生活垃圾无害化处理率均达到90％以上，有利于当地生态环境保护和改善（见图3－6）。

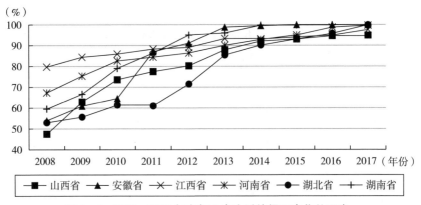

图3－6 2008～2017年中部六省生活垃圾无害化处理率
资料来源：相关年份《中国统计年鉴》及各省份统计年鉴。

通过对比中部六省与全国生活垃圾无害化处理率可以看出，2008～2017年，中部六省生活垃圾无害化处理率与全国生活垃圾无害化处理率均呈现逐年上升趋势，2008～2010年，中部六省生活垃圾无害化处理率低于全国水平，2011年以后，中部六省生活垃圾无害化处理率超过全国水平，表明中部六省生活垃圾无害化处理水平不断提高且基本处于较好的发展阶段（见表3－6）。

表3－6　　　2008～2017年中部六省及全国生活垃圾无害化处理率

年份	中部六省(%)	全国(%)	差距(%)
2008	60.17	66.80	6.63
2009	67.63	71.40	3.77
2010	74.52	77.90	3.38
2011	80.77	79.70	－1.07
2012	85.57	84.80	－0.77
2013	91.90	89.30	－2.60
2014	94.57	91.80	－2.77
2015	96.43	94.10	－2.33
2016	97.33	96.60	－0.73
2017	98.63	97.70	－0.93

资料来源：相关年份《中国统计年鉴》及各省份统计年鉴。

3.1.7　一般工业固体废物综合利用量

一般工业固体废物综合利用量指报告期内企业通过回收、加工、循环、交换等方式，从固体废物中提取或者使其转化为可以利用的资源、能源和其他原材料的固体废物量（包括当年利用的往年工业固体废物累计贮存量），如用作农业肥料、生产建筑材料、筑路等。综合利用量用原生产固体废物的单位统计。

2008～2017年，根据中部六省一般工业固体废物综合利用量的变化程度，大致可分为三个阶段：第一阶段为2008～2014年，各省波动上升；第二阶段为2014～2016年，除山西省外其余五省均下降；第三阶段为2016～2017年，安徽省、河南省、山西省一般工业固体废物综合利用量有所回升，湖北省、湖南省、江西省仍保持上一阶段的下降趋势。具体来看，各省一般工业固体废物综合利用量的变化趋势不尽相同：江西省一般工业固体废物综合利用量最高，但起伏也最大，2009～2012年呈明显的逐年上升态势，2014～2017年呈明显的逐年下降趋势，2017年一般工业固体废物综合利用量与2008年相比有所提高；安徽省和山西省一般工业固体废物综合利用量总体呈波动上升趋势；河南省、湖北省及湖南省则呈现先上升后下降的趋势，但总体变化趋势较平缓，2017年一般工业固体废物综合利用量高于2008年，三省的变化趋势与幅度相近（见图3-7）。

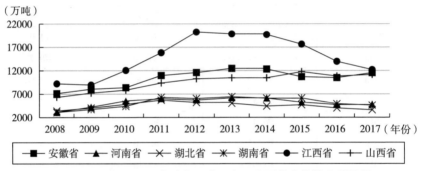

图3-7　2008～2017年中部六省一般工业固体废物综合利用量
资料来源：相关年份《中国统计年鉴》及各省份统计年鉴。

通过对比中部六省与全国一般工业固体废物综合利用量可以看出，中部六省及全国一般工业固体废物综合利用量的变化程度可分为两个阶段：第一阶段为2008～2013年，一般工业固体废物综合利用量逐年增加；第二阶段为2013～2017年，一般工业固体废物综合利用量逐年下降。中部六省和全国一般工业固体废物综合利用量先增加后减少的趋势和幅度大体一致，故中部六省占全国的比重较高且基本保持稳定（见表3-7）。

表3-7　2008～2017年中部六省及全国一般工业固体废物综合利用量

年份	中部六省（万吨）	全国（万吨）	占比（%）
2008	32236.58	123482.00	26.11
2009	36169.21	138185.80	26.17
2010	42985.84	161772.00	26.57

年份	中部六省(万吨)	全国(万吨)	占比(%)
2011	54138.83	195214.62	27.73
2012	59095.19	202461.92	29.19
2013	60380.21	205916.33	29.32
2014	59136.68	204330.25	28.94
2015	56170.31	198807.00	28.25
2016	48883.85	184096.00	26.55
2017	47886.83	181187.00	26.43

资料来源：相关年份《中国统计年鉴》及各省份统计年鉴。

3.2 中部地区经济发展现状

3.2.1 城镇居民人均可支配收入

城镇居民人均可支配收入是指居民家庭全部现金收入能用于安排家庭日常生活的那部分收入，是家庭总收入扣除交纳的所得税、个人交纳的社会保障费以及调查户的记账补贴后的收入。

2008~2017年，中部六省城镇居民人均可支配收入呈逐年上升趋势，由2008年的13196.78元上升至2017年的31227.51元，年均增幅13.8%左右。表明中部六省城镇居民人均可支配收入不断增加，人民生活水平逐渐提高。其中，湖南省的城镇居民人均可支配收入十年间持续最高，且与其余省份差距逐渐拉大。至2017年末，湖南省人均可支配收入与最低的山西省人均可支配收入相差约9000元。整体上，中部六省城镇居民人均可支配收入差距较小（见图3-8）。

通过对比中部六省与全国的城镇居民人均可支配收入可以看出：中部六省城镇居民人均可支配收入在2008~2017年呈直线上升态势，年均增速为13.8%；全国城镇居民人均可支配收入在2008~2017年呈逐年上升态势，年均增速为13%。中部六省城镇居民人均可支配收入增速略快于全国,但其收入额低于全国平均水平且差距逐渐拉大。表明中部六省人民生活水平逐渐上升,城镇居民人均可支配收入显著提高,但与全国平均水平相比仍存在较大差距(见表3-8)。

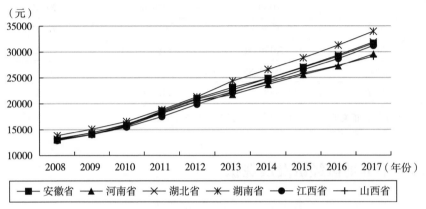

图3-8 2008~2017年中部六省城镇居民人均可支配收入

资料来源:相关年份《中国统计年鉴》及各省份统计年鉴。

表3-8　　　　2008~2017年中部六省及全国城镇居民人均可支配收入　　　单位:元

年份	中部六省	全国	差距
2008	13196.78	15780.80	2584.02
2009	14321.25	17174.70	2853.45
2010	15911.86	19109.40	3197.54
2011	18272.92	21809.80	3536.88
2012	20649.51	26467.00	5817.49
2013	22708.74	26467.00	3758.26
2014	24718.61	28843.90	4125.29
2015	26788.13	31194.80	4406.67
2016	28847.37	33616.20	4768.83
2017	31227.51	36396.20	5168.69

资料来源:相关年份《中国统计年鉴》及各省份统计年鉴。

3.2.2　农村居民家庭人均纯收入

农村居民人均纯收入，又称农民人均纯收入，是指农村居民家庭全年总收入中，扣除从事生产和非生产经营费用支出、缴纳税款和上交承包集体任务金额以后剩余的，可直接用于进行生产性、非生产性建设投资、生活消费和积蓄的那一部分收入，也包括工资性收入、经营性收入、财产性收入、转移性收入。

2008~2017 年，中部六省农村居民家庭人均纯收入呈波动上升趋势，表明中部六省农村居民家庭人均纯收入不断增加，农村居民生活水平提高，城乡贫富差距逐渐减小，有利于推动城乡一体化进程。其中，安徽省农村居民家庭人均纯收入有较大幅度波动，其余 5 省持续上升且水平相近（见图 3 - 9）。

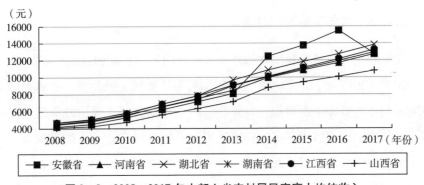

（元）

图 3 - 9　2008~2017 年中部六省农村居民家庭人均纯收入
资料来源：相关年份《中国统计年鉴》及各省份统计年鉴。

通过对比中部六省与全国农村居民家庭人均纯收入可以看出：中部六省和全国农村居民家庭人均纯收入在 2008~2017 年均呈逐年上升态势，年均增速分别为 18.6%、18.2%，二者增速相差较小。表明中部六省人民生活水平逐步提高，农村居民家庭人均纯收入与全国平均水平相比同步上升。但其仍与全国水平存在一定差距，仍有较大的提升空间（见表 3 - 9）。

表 3 - 9　　　　2008～2017 年中部六省及全国农村居民家庭人均纯收入　　　单位：元

年份	中部六省	全国	差距
2008	4436.65	4761.00	324.35
2009	4762.45	5153.00	390.55
2010	5464.66	5919.00	454.34
2011	6465.71	6977.00	511.29
2012	7360.56	7917.00	556.44
2013	8376.50	9430.00	1053.50
2014	9952.97	10489.00	536.03
2015	11041.37	11422.00	380.63
2016	11715.47	12363.00	647.53
2017	12709.10	13432.00	722.90

注：由于统计口径的变化，2014 年（包括 2014 年）以后的数据采用了农村居民人均可支配收入。

资料来源：相关年份《中国统计年鉴》及各省份统计年鉴。

3.2.3　当年实际利用外资

实际利用外资是指我国在和外商签订合同后，实际到达的外资款项。

2008～2017 年，中部六省当年实际利用外资呈上升趋势，表明中部六省实际利用外资额不断增加，对外开放水平不断提高，吸引外资能力逐渐增强。其中，山西省当年实际利用外资上升幅度最小，一直处于较低水平且明显落后于其余五省；河南省当年实际利用外资上升幅度最大，一直处于较高水平。整体上，中部六省之间的差距逐年增大（见图 3 - 10）。

通过对比中部六省与全国的当年实际利用外资可以看出：中部六省当年实际利用外资在 2008～2017 年呈上升态势，年均增速为 18.6%；全国当年实际利用外资在 2008～2017 年呈波动增加态势，年均增速为 37.6%。中部六省实际利用外资增速明显落后于全国且相差较大，但其实际利用外资额占全国的比重较大且逐年上升。表明中部六省重视利用外资来发展经济，当年实际利用外资显著升高（见表 3 - 10）。

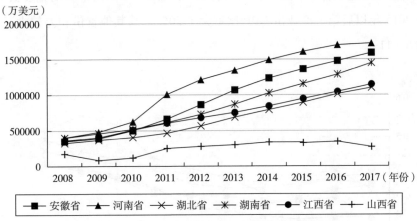

（万美元）

图 3 - 10　2008～2017 年中部六省当年实际利用外资

资料来源：相关年份《中国统计年鉴》及各省份统计年鉴。

表 3 - 10　　　　　　　**2008～2017 年中部六省及全国当年实际利用外资**

年份	中部六省（万美元）	全国（万美元）	占比（%）
2008	26619. 55	9525300. 00	27. 95
2009	28575. 62	9180400. 00	26. 27
2010	32788. 01	10882100. 00	30. 13
2011	38794. 18	11769800. 00	32. 96
2012	44161. 60	11329400. 00	38. 98
2013	51535. 87	11872100. 00	43. 41
2014	62268. 91	11970500. 00	52. 02
2015	68034. 73	12626700. 00	53. 88
2016	74087. 17	12600100. 00	58. 80
2017	76254. 87	13103500. 00	58. 19

资料来源：相关年份《中国统计年鉴》及各省份统计年鉴。

3.2.4　第三产业占 GDP 比重

2008～2017 年，中部六省第三产业占 GDP 比重总体呈波动上升趋势。2008～2013 年波动幅度较小，保持相对稳定态势；2013～2018 年波动幅度较大，呈大幅上升态势。表明中部六省第三产业占 GDP 比重不断增加，产业结构逐渐趋于合理。其中，山西省第三产业占 GDP 比重波动幅度最大，且 2015 年以后第三产业占 GDP 比重大于 50%，与其他省份相差较大（见图 3 – 11）。

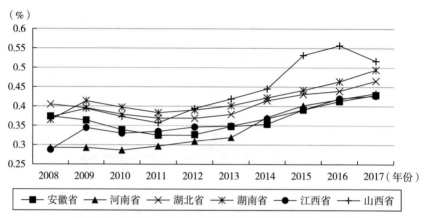

图 3 – 11   2008～2017 年中部六省第三产业占 GDP 比重

资料来源：相关年份《中国统计年鉴》及各省份统计年鉴。

通过对比中部六省与全国的第三产业 GDP 占比可以看出：中部六省第三产业 GDP 占比在 2008～2017 年呈波动上升态势，年均增速为 3.2%；全国第三产业 GDP 占比在 2008～2017 年呈稳步上升态势，年均增速为 2.3%。中部六省第三产业 GDP 占比增速略快于全国，但其占比一直以来低于全国平均水平。表明近年来中部六省第三产业得到一定程度的发展，但与全国平均水平相比仍存在较大差距（见表 3 – 11）。

表 3 – 11   2008～2017 年中部六省及全国第三产业 GDP 占比   单位：%

年份	中部六省	全国	差距
2008	34.90	42.90	8.00
2009	36.70	44.40	7.70
2010	35.10	44.20	9.10
2011	34.40	44.30	9.90
2012	35.60	45.50	9.90
2013	36.90	46.90	10.00

续表

年份	中部六省	全国	差距
2014	39.60	48.30	8.70
2015	43.10	50.80	7.70
2016	45.20	52.40	7.20
2017	46.10	52.70	6.60

资料来源：相关年份《中国统计年鉴》及各省份统计年鉴。

3.2.5　固定资产投资总额

固定资产投资额是以货币表现的建造和购置固定资产的工作量以及与此有关的费用的总称，反映固定资产投资规模、速度和投资比例关系的综合性指标。

2008～2017 年，中部六省固定资产投资总额呈上升趋势，表明中部六省固定资产投资总额不断增加，经济实力逐渐增强，为改善人民物质文化生活创造了物质条件。其中，2016 年山西省固定资产投资总额大幅下降。整体上，中部六省之间的差距逐渐增大（见图 3－12）。

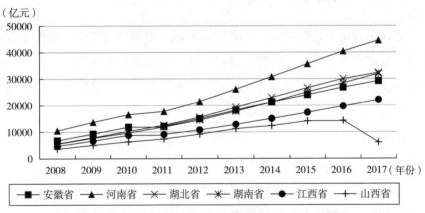

图 3－12　2008～2017 年中部六省固定资产投资总额

资料来源：相关年份《中国统计年鉴》及各省份统计年鉴。

通过对比中部六省与全国的固定资产投资总额可以看出：中部六省及全国的固定资产投资总额在 2008～2017 年均呈逐年增加态势，年均增速分别为35.1%、27.1%，中部六省固定资产投资总额增速略快于全国，但始终低于全国平均水平。其占全国的比重呈波动上升趋势，表明中部六省固定资产投资规模逐渐扩大（见表3-12）。

表3-12　　　　　2008~2017年中部六省及全国固定资产投资总额

年份	中部六省(亿元)	全国(亿元)	占比(%)
2008	36852.09	172828.00	21.32
2009	50214.63	224599.00	22.36
2010	63486.46	278122.00	22.83
2011	70815.65	311485.00	22.74
2012	86556.96	374695.00	23.10
2013	105537.80	446294.00	23.65
2014	123630.47	512021.00	24.15
2015	142760.17	562000.00	25.40
2016	159517.37	606466.00	26.30
2017	166150.71	641238.00	25.91

资料来源：相关年份《中国统计年鉴》及各省份统计年鉴。

3.2.6　居民消费水平

居民消费水平是指居民在物质产品和劳务的消费过程中，对满足人们生存、发展和享受需要方面所达到的程度，通过消费的物质产品和劳务的数量和质量反映出来。居民消费水平，是按国内生产总值口径，即包括劳务消费在内的总消费进行计算的。

2008~2017年，中部六省居民消费水平呈逐年上升趋势，表明中部六省居民消费水平不断提高，有利于促进本省经济持续快速发展。其中，湖北省居民消费水平最高，湖南次之。湖北、湖南两省与其余省份消费水平差距逐渐拉大，而其余省份居民消费水平相差较小（见图3-13）。

通过对比中部六省与全国居民消费水平可以看出：中部六省和全国居民消费水平在2008~2017年均呈逐年上升态势，年均增速分别为18.8%、16.3%，中部六省居民消费水平增速略快于全国，但仍与全国平均水平存在一定差距。表明中部六省居民消费水平有一定程度的提升，但提升程度较小，消费水平层级仍低于全国平均水平（见表 3 - 13）。

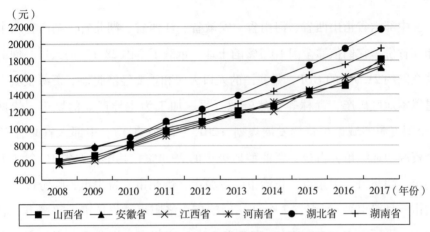

图 3 - 13　2008 ~ 2017 年中部六省居民消费水平

资料来源：相关年份《中国统计年鉴》及各省份统计年鉴。

表 3 - 13　　　　　　　2008 ~ 2017 年中部六省及全国居民消费水平　　　　　　单位：元

年份	中部六省	全国	差距
2008	6457.50	8707.00	2249.50
2009	7039.83	9514.00	2474.17
2010	8350.67	10919.00	2568.33
2011	9985.65	13134.00	3148.35
2012	11130.23	14699.00	3568.77
2013	12370.00	16190.00	3820.00
2014	13465.00	17778.00	4313.00
2015	15169.85	19397.00	4227.15
2016	16582.50	21285.00	4702.50
2017	18577.50	22903.00	4325.50

资料来源：相关年份《中国统计年鉴》及各省份统计年鉴。

3.3 中部地区资源型城市现状

中部六省指山西省、河南省、安徽省、江西省、湖北省、湖南省六个相邻省份，它们依靠全国 10.7% 的土地，承载了全国 28.1% 的人口，创造着全国约 21.9% 的 GDP，是我国的人口大区和重要经济腹地。资源型城市是以本地区矿产、森林等自然资源开采、加工为主导产业的城市。依据《全国资源型城市可持续发展规划（2013～2020 年)》，中部六省共有 37 个资源型地级市，占全国资源型地级市的 29.4%，其中山西省 10 个（大同市、朔州市、阳泉市、长治市、晋城市、忻州市、晋中市、临汾市、运城市、吕梁市），河南省 7 个（三门峡市、洛阳市、焦作市、鹤壁市、濮阳市、平顶山市、南阳市），安徽省 9 个（宿州市、淮北市、亳州市、淮南市、滁州市、马鞍山市、铜陵市、池州市、宣城市），江西省 5 个（景德镇市、新余市、萍乡市、赣州市、宜春市），湖北省 2 个（鄂州市、黄石市），湖南省 4 个（衡阳市、郴州市、邵阳市、娄底市）。按照资源型城市类型划分，共有再生型、衰退型、成熟型及成长型四大类资源型城市，其中再生型城市 3 个（洛阳市、南阳市、马鞍山市），衰退型城市 8 个（濮阳市、焦作市、淮北市、黄石市、铜陵市、景德镇市、新余市、新乡市），成熟型城市 25 个（大同市、忻州市、吕梁市、阳泉市、晋中市、临汾市、长治市、运城市、晋城市、三门峡市、平顶山市、鹤壁市、宿州市、亳州市、淮南市、滁州市、宣城市、池州市、鄂州市、宜春市、娄底市、邵阳市、衡阳市、郴州市、赣州市），成长型城市 1 个（朔州市）。

从生态环境角度来看，中部六省资源型城市新矛盾显现，可持续发展压力较大。首先，部分地区由于开发强度过大、资源综合利用水平较低，导致了生态环境的严重破坏，进而使新的地质灾害隐患加剧；其次，高耗能、高污染、高排放项目在中部六省发展相对落后的资源型城市中存在低水平重复建设现象，进一步加剧了地区生态环境压力；最后，中部六省资源型城市自然资源开发、征地拆迁等引发的环境污染问题和利益分配矛盾较多，生态和社会的维稳压力大。

从经济发展角度来看，促进中部六省资源型城市经济复苏是促进区域发展的关键所在。首先，中部六省资源型城市长期以来依靠资源发展经济，是推动我国经济建设的重要力量，但随着近年来自然资源储量的急剧下降，中部六省资源型城市经济发展速度明显减缓；其次，由于科学技术落后和创新能力不足，经济发展质量不高。

从产业结构角度来看，中部六省资源型城市普遍处在产业转型困难的瓶颈期。首先，过度依赖自然资源发展起来的主导产业后劲不足，接续替代产业发展滞后，转型发展内生动力不强；其次，中部六省资源型城市中大量棚户区和自然资源开采沉陷区亟待治理，采掘业占二次产业的比重过高；最后，现代制造业、高新技术产业等仍处于起步阶段，人才、资金、技术等要素集聚能力弱，创新水平低。

虽然中部六省资源型城市在生态环境改善、经济发展、产业结构优化等方面存在明显的不足，但它们仍具有众多发展优势（孙向阳，2009）。首先，地处我国中部内陆腹地，有着承接东西、连接南北的独特区位优势；其次，拥有雄厚的工业发展基础，产业门类齐全，承接能力强；再次，拥有丰富的矿产资源作为经济发展的支撑，例如山西的煤，安徽的煤、铁、铜，江西的钨、铜，河南的煤、铝土，湖北的铁、磷，湖南的铅、锑、锌等均是区域内的优势矿产，这依旧是中部资源型城市未来相当长的一段时间内区域经济增长的助推器；最后，中部崛起战略、高质量发展战略、黄河流域生态保护和高质量发展等必将成为中部六省资源型城市实现可持续发展的有力保障。

第 4 章　中部地区发展中存在的问题

4.1　中部地区生态发展存在的问题

中部地区是中国的"生态重地""绿色要地""环保屏障"，在全国区域发展格局中占有举足轻重的地位（黄国勤，2019），因此推进中部六省生态环境建设不仅是实现中部地区生态—经济协调发展的重要环节，更对实现"美丽中国"意义重大。然而通过对中部地区生态发展现状的研究与分析可以发现，中部地区的生态发展存在资源短缺、资源浪费、环境污染与生态破坏等诸多问题，严重制约了中部地区生态质量的提升。

4.1.1　资源短缺

在中部地区的发展对资源依赖程度较高，然而近年来一个主要的问题就是中部地区主要资源严重短缺，阻碍着地区生态发展和区域可持续。首先，耕地资源是经济发展中必不可少的资源，它对地区经济发展起到至关重要的作用，近年来，随着中部地区工业的发展以及城市化进程的加快，耕地资源严重不足，人均耕地占有面积持续减少，生态建设用地同样被大量侵占。其次，中部地区矿产资源对经济发展的支撑程度下降，几种重要的大宗矿产趋向短缺。中部六省 45 种主要矿产中可满足社会经济发展需要的，到 2010 年已经仅剩约 20 种，资源短缺状况更是日益加剧，一些关系国计民生的大宗矿产大部分难以满足地区发展需要。石油、富铁矿、铝矿、锌矿、锰矿等大宗紧缺矿产资源供需缺口进一步加大，煤炭作为中部地区优势矿产资源近年来也面临急剧减少甚至枯竭的挑战。最后,中部地区部分省市水资源一直以来都处于短缺状态,近年来中部地区经济加速发展,更加剧了这些地方的水资源短缺,反过来进一步阻碍了当地的生态环境和经济发展。2019 年,中部地区水资源总量 5569.4 亿立方米,约占全国的19.18%(中华人民共和国水利部,2019),但水资源的地区分布和年内分布不均,山西省、河南省水资源总量和淡水资源较其他四省均短缺严重,更加导致中部地区发展的失衡。水资源短缺成为中部地区发展的重要制约因素。

4.1.2　资源浪费

尽管近年来中部地区的发展中已经存在着较为严重的资源短缺问题,但各地区对资源保护的重视程度仍然远远不够,资源浪费现象层出不穷。其中最主要的原因是相关科学技术发展水平较低。首先,是矿产资源的浪费。在资源开采环节,由于矿产资源开采难度大、技术水平有限,导致开采效率低、周期长、费用大、对环境破坏也较严重;在资源加工利用阶段,由于中部地区资源深加工技术水平低、矿产加工行业结构单一、资源加工产业链较短,导致矿产资源效益低;在资源的再利用阶段,由于资源再利用技术及工业残渣回收技术较低,导致资源的整体利用效率和回收效率低,从而在工业生产的各个环节产生了不同程度的资源浪费现象,阻碍当地生态—经济协调发展。其次,是耕地资源的浪费。随着中部地区城市经济的发展,一方面农村地区劳动力进城务工并从事非农业生产,使得农村可用劳动力缺乏,耕地被闲置、搁荒;另一方面非农建设用地占用大量耕地,耕地面积被迫不断萎缩(胡郾谷,2016)。最后,是水资源浪费。在农业生产中,大量地区仍然采用漫灌的形式,水资源利用效率极低,浪费严重;在工业生产中,工厂的水资源重复利用技术和污水处理技术水平不高,造成大量可回收再利用的水资源随工业废水直接排放,从而导致严重的水资源浪费,进一步加剧了中部地区工业用水不足的问题;在居民生活中,中部地区居民生活用水浪费严重,节水意识仍亟待加强,生活污水处理技术还有很大的提升空间。

4.1.3 环境污染与生态破坏

中部地区与全国各地一样，在生态保护与经济发展过程中均面临着严重的环境污染与生态破坏问题。首先，是工业生产导致的环境污染，工业废水、工业二氧化硫、工业废气、一般工业固体废物等的排放量虽呈现逐年减少的趋势，但其绝对排放量在全国范围内仍处于较高排放水平。受到生态环境建设投入不足、相关科技发展水平较低等因素的影响，工业"三废"的综合利用率水平较低，不利于当地生态环境保护。其次，是农业生产导致的环境污染，主要原因是农业生产中大量农药、化肥的无节制使用。2017 年中部地区施用化肥占全国化肥施用总量的 31.33%，也就是说，中部地区耕地面积不到全国的 23%，却施用了占全国 31% 以上的化肥（黄国勤，2019）。最后，是生活污染源导致的环境污染，一方面由于人口的不断增长以及人们环保意识的欠缺，导致生活污水的大量排放和生活垃圾的大量产生；另一方面则是由于垃圾处理技术不够成熟，传统的焚烧或填埋方法必然会对生态环境造成破坏和污染。

4.1.4 生态问题应对

针对中部地区现有的生态保护与高质量发展问题，中部地区各省出台了《湖南省人民政府办公厅关于加快推进生态廊道建设的意见》《进一步推进湖北省生态环境问题整治工作方案》《湖北省关于进一步加强生态保护工作的意见》《安徽省生态文明体制改革实施方案》等相关政策以响应国家生态文明建设号召，强化地区生态修复。除此之外，《湖南省生态保护红线》通过生态保护红线的划定，落实"生态强省"发展战略，以守护好湖南省"一湖三山四水"生态安全屏障为目标，为地区生态保护与建设、自然资源有序开发和产业合理布局提供重要支撑。

中部地区近年来存在河流湖泊面积萎缩、水域空间减少、水质恶化、生物栖息地被破坏等问题，河流与湖泊的功能严重退化。针对这一问题，山西省出台了《山西省湖长制实施方案》，在全省的所有湖泊全面实施湖长制，对湖泊形态、水质、生态和功能保护综合施策，先控源截污、后恢复生态，以实现主要湖泊的合理规划与开发利用，增强湖泊的综合功能。除此之外，中部其他省区出台了《江西东江流域生态环境保护与治理实施方案（2019～2021年)》《湖南省统筹推进"一湖四水"生态环境综合整治总体方案（2018～2020年)》《湖北省湖泊生态环境保护试点管理办法》《安徽省人民政府办公厅关于进一步推深做实新安江流域生态补偿机制的实施意见》等政策文件，以治理当地河流、湖泊污染，促进生态改善。

促进中部地区生态环境保护及生态现状改善，重中之重是制度创新、技术创新。国务院出台的《国家生态文明试验区（江西）实施方案》要求江西省在加快改革开放中推动形成发展新格局，在经济升级中走出发展新路子，优化产业结构，推动绿色发展，继续加强生态建设，促进产业提质增效。山西省出台的《太行山吕梁山生态系统保护和修复重大工程总体方案》强调以机制创新为引领，以贫困区域为重点，坚持扩容增量与提质增效有机结合，生态保护与修复治理协调推进，改善生态与群众增收互促双赢，用创新的发展模式解决生态破坏与地区贫困双重问题。除此之外，《江西省加快实施"三线一单"生态环境分区管控的意见》《湖南省人民政府关于实施"三线一单"生态环境分区管控的意见》《安徽省生态环境监测网络建设实施方案》《关于扎实推进绿色发展着力打造生态文明建设安徽样板实施方案》等意见及方案，旨在以创新型发展方式促进地区生态现状改善。

4.2　中部地区经济发展存在的问题

自中部崛起战略实施以来，中部地区各方面均有较好的发展，但通过对其经济发展现状的分析可以发现，中部地区经济发展在某些方面，如投资、消费以及产业结构等方面依然存在着不少问题，严重阻碍了中部地区的经济发展进程。

（1）在投资方面。第一，中部地区固定资产投资总额增速略快于全国，其额度占全国的比重呈波动上升趋势，但始终低于全国平均水平。其中，山西省固定资产投资总额在 2016 年出现大幅下降趋势。固定资产投资是地区经济发展的引擎，投资规模、效率等均对人民生活水平有显著的影响。金融体系严格地控制着资本的流动，我国金融资源的分配存在着明显的地区结构性不合理、分布不平衡等问题（周晞彤，2019）。中部地区金融资源明显匮乏，远远不能满足当地经济发展的需求，无法使得资本这一稀缺资源在不同地区、不同行业和不同企业之间持续高效地进行流动，从而造成中部地区固定资产投资总额低于全国平均水平。加之中部地区对外开放水平较低，影响了该地区出口产品到其他地区的能力，最终影响了该地区推动最佳资本配置的能力。相对于全国来说，中部地区不占绝对优势，因而低于全国平均水平。第二，中部地区实际利用外资增速明显落后于全国且相差较大，其额度占全国的比重较大且逐年上升，但始终低于全国平均水平。其中，山西省当年实际利用外资上升幅度最小，一直处于较低水平且明显落后于其余五省。总体来看，中部地区 FDI 数量规模总体增大，但其 FDI 利用方式的独资化趋势越来越明显，合作合资形式的外资越来越少，导致外资质量不高，不利于中部地区的可持续发展。同时，因为各省过分追求 GDP 的增长使 FDI 引资来源存在盲目性，导致引进一些污染严重的资本或重复引资，同样不利于中部地区的可持续发展。并且，中部地区 FDI 产业和行业分布偏向严重，导致产业结构严重扭曲（金艳清，2012），对其经济的长远发展造成严重阻碍。具体来看，山西省 FDI 引进在中部六省中居末位，且受全球性金融危机影响较严重，在 2008 年有明显的下降趋势。并且由于山西省自身产业结构不均衡，外商投资与其产业结构相吻合，同样具有不均衡性。相对地，从某种程度上来说，外商直接投资也加剧了山西省产业的不均衡发展（赵若锦，2014）。

（2）在消费方面。中部地区城镇居民人均可支配收入和居民消费水平增速略快于全国，农村居民家庭人均纯收入增速与全国相近，但与全国平均水平相比仍存在一定的差距。某地区的居民消费水平与城镇化水平有着密不可分的关系，而中部地区的城镇化水平整体趋近均衡。目前，地区内部发展水平较好的为湖北省和安徽省，处于中游的为湖南省、江西省和河南省，山西省位于下游。所以，中部地区内部新型城镇化水平还存在差距，分层较为明显（张翔，2020）。特别是对于农村地区来说，中部地区恰是中国农村人口最为集中、"三农"问题最为突出、就业任务最为繁重的区域，超过全国其他区域，是国家解决"三农"问题的难点和重点（朱汉雄，2010），也是城镇化发展最具潜力与活力的地区。近年来居民消费水平以及农村居民人均收入均领先的湖北省，从 2011 年开始农村居民就达到了富裕水平，农村居民的消费已达到了一个较高的水平，但城乡居民之间的消费差距仍较大，消费结构虽逐年优化，但层次依旧不高等问题仍较为突出（张幸，2017）。

（3）在产业结构方面。中部地区第三产业 GDP 占比增速略快于全国，第三产业得到一定程度的发展。但其占比一直以来低于全国平均水平，与全国平均水平相比仍存在较大差距。其中，山西省第三产业占 GDP 比重波动幅度最大，且 2015 年以后第三产业占 GDP 比重大于 50%，与其他省份相差较大。中部地区第三产业发展部门中，传统部门占据主导地位，新兴产业部门发展不足且发展速度较为缓慢，产业带动力不强，导致第三产业发展缓慢，其 GDP 占比低于全国平均水平。具体来看，在 2015 年之前，山西省聚焦于煤炭行业，忽视了产业结构的多样化，导致山西省产业结构单一。由于投资结构是产业结构的重要组成部分，近几年山西省的重点项目大多集中于城市建设，忽视了对第三产业的投资建设。2015 年以后，山西省为促进经济转型发展，优化投资结构，注重产业结构多样化发展。因此，山西省第三产业 GDP 占比波动起伏较大。[1]

---

① 资料来源：《山西统计年鉴 2016》。

第二篇

中部六省资源型城市生态——经济协调演化研究

第 5 章　协调演化研究方法

5.1　数据标准化处理

由于多个变量具有不同的属性和单位，难以进行比较，为了尽可能准确地反映各指标对于评价系统的影响程度，需要对原始数据进行无量纲化处理。本书采用极差标准化法进行处理，公式如下（贾培煜等，2020）：

$$x'_{ij} = \frac{x_{ij} - \min(x_{ij})}{\max(x_{ij}) - \min(x_{ij})} \quad (x_{ij} \text{ 为正作用指标}) \qquad (5-1)$$

$$x'_{ij} = \frac{\max(x_{ij}) - x_{ij}}{\max(x_{ij}) - \min(x_{ij})} \quad (x_{ij} \text{ 为逆作用指标}) \qquad (5-2)$$

式（5-1）、式（5-2）中，x'_{ij} 是 x_{ij} 标准化之后的值，x_{ij} 为原始指标数据，$\max(x_{ij})$ 为第 i 个系统第 j 个指标数据的最大值，$\min(x_{ij})$ 为第 i 个系统第 j 个指标数据的最小值，其中 $0 \leq x'_{ij} \leq 1$。

5.2　确定指标权重

在目前的综合评价中，确认指标权重的方法主要有主观赋值法和客观赋值法。本书采用客观熵值法对数据进行赋值（徐建华，2002）。熵值法是根据指标数值之间的离散程度确定权重，权重的大小可以反映各指标在研究时段的变化情况（贾培煜等，2020）。

$$e_i = -k \sum_{j=1}^{m} p_{ij} \ln p_{ij} \qquad (5-3)$$

式（5-3）中，$p_{ij} = \dfrac{x'_{ij}}{\sum_{j=1}^{m} x'_{ij}}$，$k = 1/\ln m$，其中 e_i 为指标的熵值，m 是被评对象个数；则指标 x_i 的权数为 $\omega_i = 1 - e_i / \sum_{i=1}^{m} e_i$。其中 $1 - e_i$ 称为第 i 项指标的差异性系数，其值越大，则指标 x_i 在综合评价中的重要性就越强。

5.3　子系统综合发展指数

将原始数据进行无量纲化和确定权重处理后，采用线性加权，设正数 x'_1，$x'_2 \cdots$，x'_n 为评价各子系统标准化后的指标，x'_n 为各个指标对应的权重，则称函数 $U_i = \sum_{i=1}^{n} \omega_i x_i$ 为评价函数。其中 $\sum_{i=1}^{n} \omega_i = 1$，$n$ 代表子系统的指标项数，U_i 代表各子系统的综合发展指数。分别计算生态、经济两个子系统的综合得分，度量其综合发展水平。

5.4　耦合协调度的测算

本文参考石培基等（2010）的方法，基于效益理论和平衡理论构造耦合度计算公式：

$$C = \{(U_1 \times U_2 \times \cdots \times U_n)/\prod(U_i + \cdots + U_j)\}^{1/k} \qquad (5-4)$$

式（5-4）中，U_i、U_j 分别为第 i、j 系统的综合发展水平，K 为协调系数，且 $K \geqslant 2$，这里 K 取 2。C 越小，说明子系统间的协调性越差；C 越大，说明子系统间的协调性越好，且 C 的取值为 0～1。

耦合度能够很好地反映各子系统之间的协调状况，但无法准确地表明生态、经济复合系统的协调发展综合效益和综合发展水平。因此根据学者廖重斌（1999）的研究，引入耦合协调度 D，计算公式为：

$$D = \sqrt{CT} \qquad (5-5)$$

$$T = \alpha U_i + \beta U_j \qquad\qquad (5-6)$$

式（5-5）、式（5-6）中，D 为耦合协调度，C 为耦合度，T 为两个子系统的综合评价指数，U_i、U_j 代表各子系统的综合发展水平，α、β 为两个子系统的待定权数。D 值越大，说明子系统间发展越协调；D 值越小，说明子系统间越不协调（D 的取值在 $0\sim1$）。在本书中，考虑到生态、经济二者同等重要，因此采用均值法确认权重，取 $\alpha = \beta = 1/2$。

5.5 耦合度及耦合协调度等级划分

依据耦合度及耦合协调度的大小，将耦合度分为低耦合发展阶段、颉颃发展阶段、磨合发展阶段和高耦合发展阶段 4 个等级；将耦合协调度按失调和协调程度划分为 6 个等级（Zhou D. et al.，2017）（见表 5-1）。

表 5-1　　　　　　　　耦合度及耦合协调度评价标准

耦合度（C）		耦合协调度（D）	
低耦合发展阶段	$[0.0,0.3)$	重度失调	$[0.0,0.2)$
		轻度失调	$[0.2,0.3)$
颉颃发展阶段	$[0.3,0.5)$	濒临失调	$[0.3,0.5)$
磨合发展阶段	$[0.5,0.8)$	轻度协调	$[0.5,0.7)$
		中度协调	$[0.7,0.8)$
高耦合发展阶段	$[0.8,1.0]$	高度协调	$[0.8,1.0]$

第6章 构建评价指标体系的原则

为了确保研究中构建的评价指标体系具有代表性、区域个性，保证体系的建立符合实际且能有效促进科学研究发挥其应有的现实作用，参考部分学者已有的研究成果（贾培煜等，2019；江红莉等，2010；王维，2018），本书在构建生态—经济协调发展评价指标体系时严格遵守以下评价指标体系构建原则。

一是整体性原则。指标要全面反映子系统的综合水平，评价指标体系中各指标之间不是简单的相加关系，而是有机联系组成一个层次分明的整体。

二是普遍性原则。指标筛选时要尽量选取有共性的代表性指标，且尽量使用处理后的组合指标。例如在研究中部六省生态—经济协调发展问题时，建立的评价指标体系中既要包含具有各省特色的指标，又要具有能够评价生态、经济发展的一般性特点的指标。

三是层次性原则。构建评价指标体系应分解为目标、准则和具体指标（李孟秋，2010）。一级指标同时设立多个具体的子指标，在众多指标中，把联系密切的指标归为一类，构成指标群，形成不同的指标层，以期清晰、全面地反映研究对象的特点。

四是科学性原则。各指标体系的设计及评价指标的选取必须以科学性为原则，能客观真实地反映中部六省生态—经济协调发展现状。同时，各评价指标应该具有典型代表性，既不能过多、过细、过于烦琐或相互重叠；又不能过少过简、遗漏信息或出现错误。

　　五是重点突出原则。选取与子系统发展密切相关的重点指标。生态—经济协调发展评价指标体系中选取的指标要充分反映研究区域生态和经济发展的现状和特点。

　　六是典型性原则。构建的评价指标体系要有利于研究分析对象的运行发展情况，要从特定的区域出发因地制宜地选取具有区域特色、针对研究区域发展现状的评价指标。

　　七是动态性原则。研究对象往往是一个动态的过程，科学、有价值的研究不仅要能够静态地反映研究对象的发展现状，还要能够动态地考察其发展潜力。因此评价指标体系中选取的指标要能够具有动态性，可以衡量同一指标在不同时段的变动情况，并且要在较长的时间内都具有实际意义。

　　八是可量化原则。数据的真实性和可靠性是进行科学研究的前提条件和重要保障，因此选取的指标应该具有可量化的特点，在保证指标能够较优反映研究对象特点的前提下，选取能够直接查到或者通过计算间接得到且具有权威性、能够确保准确性的指标数据，以保证评价的可操作性。

第 7 章　中部六省生态—经济协调演化

7.1　研究区概况

中部六省位于我国内陆腹地，包括山西、河南、安徽、江西、湖北、湖南六个省份，国土面积 102.7 万平方千米，占全国总面积的 10.7%，是承东启西、连接南北的重要枢纽地区。中部六省资源型城市众多，数量占全国总量的 28.24%，为地区经济作出贡献的同时，资源型经济对地区生态环境产生一定的影响。[①] 自 2006 年实施中部崛起战略以来，中部六省在"中部塌陷"的大创伤中逐渐恢复，经济运行质量不断提高，总体实力进一步增强，在全国经济中发挥了不可替代的作用（张琳等，2009；杨剩富等，2014）。但资源利用率低、环境污染、生态环境退化等一系列问题仍然突出，成为制约中部六省经济社会持续、健康发展的主要因素。因此，推动中部六省生态—经济协调发展成为促进国家持续稳定发展的关键举措之一。

7.2　评价指标体系

在整个陆地系统中，各子系统之间是相互联系、相互依存、不可分割的。其中，经济子系统是根本，生态子系统是最终目标。若各子系统之间协调发展，形成良性循环，则有利于整个陆地系统的可持续发展；若各子系

---

① 资料来源于《中国统计年鉴 2018》和《中国城市统计年鉴 2018》。

统之间相互冲突、矛盾，构成恶性循环，则会阻碍整个陆地系统的发展。

考虑到中部六省在经济发展过程中面临的生态保护压力过大、环境问题日趋严重等现实情况，本章依据构建指标体系的原则以及各指标的重要性及可获得性，参考不同学者的相关研究（洪开荣等，2013），在衡量生态、经济子系统发展水平的众多指标中，选取工业固体废物综合利用率、人均工业废水排放量、人均工业二氧化硫排放量、建成区绿化覆盖率、工业污染治理完成投资额五项指标衡量生态子系统综合发展水平；选取第三产业占 GDP 比重、固定资产投资总额、当年实际使用外资金额、城镇居民人均可支配收入、农村居民人均纯收入五项指标衡量经济子系统综合发展水平，构建中部六省生态—经济复合系统协调发展的评价指标体系（见表 7 – 1）。

表 7 – 1　　　　　中部六省生态—经济协调发展评价指标体系

目标层	指标层		功效性	权重
	名称	单位		
生态子系统	工业固体废物综合利用率	%	+	0.208
	人均工业废水排放量	吨	–	0.207
	人均工业二氧化硫排放量	吨	–	0.207
	建成区绿化覆盖率	%	+	0.192
	工业污染治理完成投资额	万元	+	0.186
经济子系统	第三产业占 GDP 比重	%	+	0.208
	固定资产投资总额	万元	+	0.198
	当年实际使用外资金额	万美元	+	0.203
	城镇居民人均可支配收入	元	+	0.197
	农村居民人均纯收入	元	+	0.194

资料来源：相关年份《中国统计年鉴》及各省份统计年鉴。

7.3　结果与分析

7.3.1　子系统综合发展指数

2008 ~ 2017 年，中部六省生态子系统综合发展指数均呈波动上升状态，发展态势向好但发展不稳定，表明中部六省污染治理投入增加、"三废"排放减少，生态环境得到改善，但仍需进一步增强生态环境的稳定性。其中，江西省生态环境水平最高，原因是近年来江西省加大对工业污染治理的投资力度，致使工业废水、废气、废物的排放量均大幅度下降。各省间的生态子系统发展指数差异在2008～2014年有所上升，随着党的十八大提出大力推进生态文明建设，中部六省对生态建设的重视程度显著提升，各省间的生态子系统发展指数差异有所下降（见图7-1）。

2008～2017年，中部六省经济子系统综合发展指数均呈波动上升状态，发展态势向好，表明中部六省产业结构得到优化、投资增加、城乡居民收入提高。具体来看，河南省人民生活水平最高，湖南省、湖北省、安徽省、江西省紧随其后，而山西省人民生活水平最低，此排名与中部六省地区生产总值排名相似。2016～2017年，山西省经济子系统综合发展指数出现明显下降，是中部六省在2008～2017年经济子系统综合发展指数唯一出现下降态势的省份，表明山西省在推动本省经济发展的同时需要兼顾自身经济发展的稳定性。总体来看，2008～2017年各省的人民生活水平差距有逐年拉大的趋向（见图7-1）。

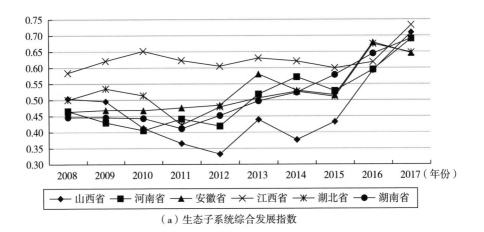

（a）生态子系统综合发展指数

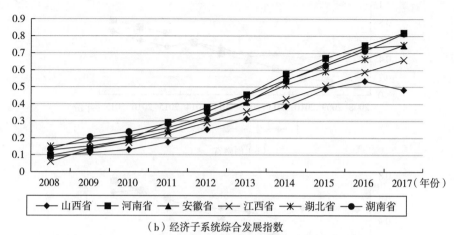

（b）经济子系统综合发展指数

图 7 – 1　2008～2017 年中部六省生态与经济子系统综合发展指数

资料来源：相关年份《中国统计年鉴》及各省份统计年鉴。

2008～2017 年，根据中部六省生态—经济综合发展指数变化情况，可大致将中部六省分为两类：第一类为江西省和山西省，其生态子系统综合发展指数基本高于经济子系统综合发展指数，表明江西省和山西省生态环境水平总体上高于人民生活水平；第二类为河南省、安徽省、湖北省、湖南省，其生态子系统综合发展指数在 2014 年以前均高于经济子系统综合发展指数，2014 年后经济子系统综合发展指数均超过生态子系统综合发展指数，表明河南省、安徽省、湖北省、湖南省经济发展态势向好，总体上优于生态环境改善态势（见图 7 –2）。

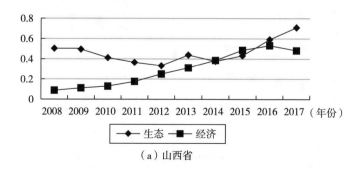

（a）山西省

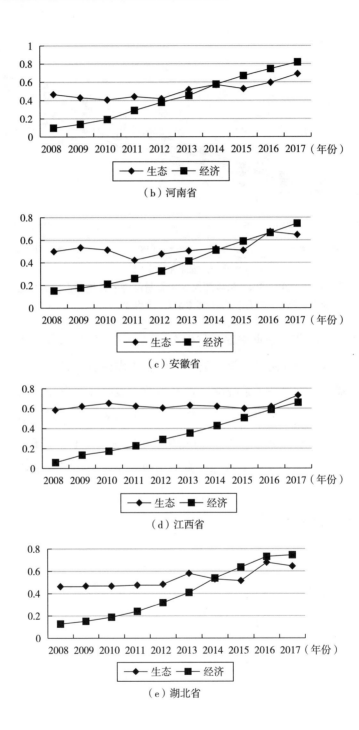

（b）河南省

（c）安徽省

（d）江西省

（e）湖北省

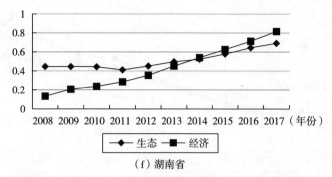

（f）湖南省

图 7 - 2　2008 ~ 2017 年中部六省生态—经济综合发展指数
资料来源：相关年份《中国统计年鉴》及各省份统计年鉴。

7.3.2　耦合度及耦合协调度

2008 ~ 2017 年，中部六省的耦合度在 0.2 ~ 0.8 变动，均呈现上升态势，经历了低耦合发展阶段、颉颃发展阶段、磨合发展阶段，表明生态与经济子系统之间的相关性增强。其中，山西省耦合度最低，表明山西省生态与经济发展的相关性较差（见图 7 - 3）。

2008 ~ 2017 年，中部六省生态与经济系统的耦合协调度在 0.2 ~ 0.8 变动，均呈上升趋势。湖南省、河南省由轻度失调水平演变为中度协调水平；安徽省、江西省、湖北省、山西省由轻度失调水平演变为轻度协调水平。其中，山西省耦合协调度最低，表明山西省生态与经济发展的协调性较差（见图 7 - 3）。

中部六省生态与经济系统耦合度与耦合协调度总体变化情况大致可分为两个发展阶段：第一阶段为 2008 ~ 2012 年，各省耦合度与耦合协调度增速较慢；第二阶段为 2012 ~ 2017 年，各省耦合度与耦合协调度快速上升（见图 7 - 3）。

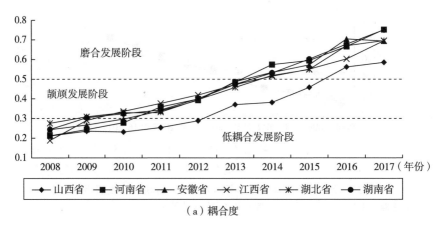

（a）耦合度

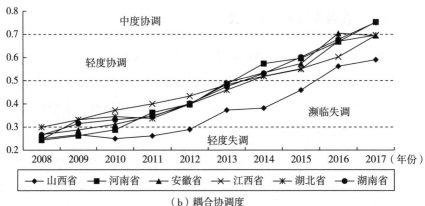

（b）耦合协调度

图7-3 2008~2017年中部六省耦合度及耦合协调度
资料来源：相关年份《中国统计年鉴》及各省份统计年鉴。

  利用自然间断点分级法将区域耦合协调度划分为重度失调、轻度失调、濒临失调、轻度协调、中度协调、高度协调六类。通过计算可以得出，2008~2017年，中部六省耦合协调度集中分布在轻度失调、濒临失调、轻度协调、中度协调四类，并未达到高度协调等级。整体来看，2008~2017年，轻度失调、濒临失调区域逐渐消失，轻度协调及中度协调区域逐步扩大，中部六省耦合协调度呈向好发展趋势。可以看出，随着党的十八大提出"把生态文明建设放在突出地位"，中部六省逐步重视资源开采过程中对生态环境的保护，部分省域率先进入中度协调发展阶段。但由于中部六省生态环境历史欠账较多、经济转型升级步伐较缓、地区发展对资源的依赖性较大等现实原因，中部六省中尚未有省份的生态与经济复合系统达到高度协调水平，表明中部六省的生态—经济协调发展水平有待进一步提高（见表 7 - 2）。

表 7 - 2　　　　　　　　　2008 ~ 2017 年中部六省耦合协调度

年份	山西	河南	安徽	江西	湖北	湖南
2008	0.25 （轻度失调）	0.24 （轻度失调）	0.27 （轻度失调）	0.25 （轻度失调）	0.30 （轻度失调）	0.27 （轻度失调）
2009	0.27 （轻度失调）	0.26 （轻度失调）	0.29 （轻度失调）	0.33 （濒临失调）	0.33 （濒临失调）	0.31 （濒临失调）
2010	0.25 （轻度失调）	0.29 （轻度失调）	0.31 （濒临失调）	0.37 （濒临失调）	0.35 （濒临失调）	0.33 （濒临失调）
2011	0.26 （轻度失调）	0.36 （濒临失调）	0.35 （濒临失调）	0.40 （濒临失调）	0.34 （濒临失调）	0.35 （濒临失调）
2012	0.29 （轻度失调）	0.40 （濒临失调）	0.40 （濒临失调）	0.43 （濒临失调）	0.40 （濒临失调）	0.40 （濒临失调）
2013	0.37 （濒临失调）	0.49 （濒临失调）	0.49 （濒临失调）	0.48 （濒临失调）	0.46 （濒临失调）	0.47 （濒临失调）
2014	0.38 （濒临失调）	0.57 （轻度协调）	0.53 （轻度协调）	0.52 （轻度协调）	0.52 （轻度协调）	0.53 （轻度协调）
2015	0.46 （濒临失调）	0.60 （轻度协调）	0.57 （轻度协调）	0.55 （轻度协调）	0.55 （轻度协调）	0.60 （轻度协调）
2016	0.56 （轻度协调）	0.67 （轻度协调）	0.70 （中度协调）	0.60 （轻度协调）	0.67 （轻度协调）	0.68 （轻度协调）
2017	0.59 （轻度协调）	0.75 （中度协调）	0.69 （轻度协调）	0.70 （中度协调）	0.70 （中度协调）	0.75 （中度协调）

资料来源：相关年份《中国统计年鉴》及各省份统计年鉴。

7.3.3　中部六省耦合协调度影响因素

7.3.3.1　变量选取与回归模型构建

为了更好地解释中部六省生态、经济耦合协调度的变化，采用面板数据回归模型检验耦合协调度的影响因素。本章试图从人口、经济、社会、科技创新等方面探究其对耦合协调度的影响，将耦合协调度作为被解释变量，记为 D；将城镇化水平、产业结构、人民生活水平、环保水平、投资规模、科技创新作为影响耦合协调度的控制变量，建立面板数据回归模型（见表 7-3）。模型设定如下：

$$D = \alpha_0 + \alpha_1\ln(UR) + \alpha_2\ln(IS) + \alpha_3\ln(PCGDP) + \alpha_4\ln(EP)$$
$$+ \alpha_5\ln(IN) + \alpha_6\ln(RD) + \varepsilon \qquad (7-1)$$

表 7-3 变量选取

指标	变量	定义
城镇化水平	UR	人口城镇化率
产业结构	IS	第三产业占 GDP 比重
人民生活水平	$PCGDP$	人均 GDP
环保水平	EP	环境保护投入/GDP
投资规模	IN	固定资产投资/GDP
科技创新	RD	科学技术投入/GDP

7.3.3.2 模型设定检验

利用 EVIEWS 软件分别建立基于面板数据的混合估计模型和固定效应模型。对混合估计模型和固定效应模型进行似然比（likelihood radio，LR）检验，检验值为 34.497617，Prob = 0.0000，故拒绝混合估计模型的原假设，选择固定效应模型分析中部六省生态—经济协调发展的影响因素。

7.3.3.3 估计结果分析

在综合考虑各参数和检验结果后，选取固定效应模型的估计结果为基础进行实证分析（见表 7-4）。从回归系数来看，除投资规模未通过显著性检验外，各因素对中部六省耦合协调度的影响程度由大到小分别为：科技创新（-3.51）、城镇化水平（0.95）、人民生活水平（0.32）、产业结构（0.21）、环保水平（-0.11），具体来看有以下五个方面。①

---

① 为了表述方便，此处根据回归结果，取两位或三位小数，其他章节相同，不再重复说明。

第一，科技创新在 10% 的水平上与耦合协调度显著负相关，科技创新每提高 10%，耦合协调度降低 3.51%。表明科技创新与耦合协调度提升不匹配，未能形成对中部六省协调发展的促进作用。处理好经济发展与环境污染之间的关系是目前我国面临的重要问题之一，二者皆离不开科技的支持（段新等，2020）。中部六省的科技创新投入与产出的总量指标远不及东部地区（汪晓梦，2014），创新能力较差，科技成果转化率较低，限制了对中部六省协调发展的促进作用。

第二，城镇化水平在 10% 的水平上与耦合协调度显著正相关，城镇化水平每提高 10%，耦合协调度提高 0.95%，表明城镇化水平是影响中部六省耦合协调度的主要因素之一。新型城镇化是走人与自然协调发展的道路，其考虑城镇的资源承载能力和生态环境压力，有利于协调人口、资源、环境与经济发展的关系（杨立等，2019），从而提高地区的协调发展水平。中部六省近年来城镇化发展速度较快，平均常住人口城镇化率已由 2006 年的 39.87% 提高至 2017 年的 54.67%（雷龙涛，2018），城镇化建设水平不断提高，有利于提升资源要素配置效率，激活经济社会发展新动能，解决中心人口过密、功能过载的城市问题，带动区域实现城乡协同发展。

第三，人民生活水平在 5% 的水平上与耦合协调度显著正相关，人民生活水平每提高 5%，耦合协调度提高 0.32%。生态文明建设与人民生活水平之间存在内在的辩证统一关系。生态文明建设有利于提高人民的生活水平，人民生活水平的提高能进一步促进生态文明的建设步伐。人民生活水平提高，对生活环境质量有了更高的要求，对于生态环境保护的意识、能力、主动性增强，有利于地区协调发展。

第四，产业结构在 10% 的水平上与耦合协调度显著正相关，产业结构优化水平每提高 10%，耦合协调度提高 0.21%。产业结构的持续高度化是产业发展的未来方向和必然趋势，既是推动经济长期稳定增长的核心动力，也是实现产业环境友好和节能减排的重要保证和必由之路。无论是知识和技术密集型产业占比的扩大，还是各产业自身的高技术化和高附加值化，大多是有利于地方节能减排和环境保护的（韩永辉等，2015）。近年来，中部六省持续推进产业结构转型升级，第三产业占 GDP 比重逐步上升，经济发展高级化、绿色化水平提升，带动了地区协调发展水平的提升。

第五，环保水平在 5% 的水平上与耦合协调度显著负相关，环保水平每提高 5%，耦合协调度降低 0.11%。表明环保水平与耦合协调度提升不匹配，未能形成对中部六省协调发展的促进作用。随着"绿水青山就是金山银山"思想的深入贯彻实施，我国对生态环境保护的投资力度不断加大、重视程度显著提升，随之对地区经济发展产生一定的影响。尤其是对资源型城市数量占比超过 40% 的中部六省来说，其正处于经济转型发展的阵痛期，限制"三废"等污染物的排放量、严格资源开采的管理与规定等相关举措，会对其经济发展产生一定影响。但随着生态文明建设成果的进一步巩固与落实，势必会对中部六省生态—经济协调发展产生促进作用。

表 7 – 4　　　　　　　　　　　面板数据回归结果

被解释变量	耦合协调度（D）	
模型设定	混合估计模型	固定效应模型
UR	1.122435 **	0.955083 *
	(2.567946)	(1.771613)
IS	0.035005	0.213304 *
	(0.188444)	(1.679069)
PCGDP	0.096201	0.327300 **
	(0.558080)	(2.557980)
EP	0.050031	– 0.113324 **
	(0.556777)	(– 2.048269)
IN	0.030355	0.033165
	(1.136219)	(1.648659)
RD	– 3.876879	– 3.514901 *
	(– 1.266522)	(– 1.824526)

被解释变量	耦合协调度（D）	
模型设定	混合估计模型	固定效应模型
c	-0.554961 (-0.251655)	-3.616187^{**} (-2.149625)
参数联合检验	$Prob(F-stat)=0.0000$	$Prob(F-stat)=0.0000$
R^2	0.737399	0.942832

注：*、** 和 *** 分别表示在 10%、5% 和 1% 水平上显著。

资料来源：相关年份《中国统计年鉴》及各省份统计年鉴。

7.4 小结与建议

7.4.1 小结

本章基于耦合协调度及面板数据回归模型，定量测算了 2008～2017 年中部六省生态—经济系统综合发展指数、耦合协调水平及其影响因素，研究结果表明：生态与经济子系统及复合系统的综合发展水平均呈波动上升趋势，两系统之间的相关性增强；中部六省耦合协调度均呈上升趋势，其中湖南省、河南省由轻度失调水平演变为中度协调水平，安徽省、江西省、湖北省、山西省由轻度失调水平演变为轻度协调水平；从面板数据回归结果看，城镇化水平、人民生活水平、产业结构对中部六省耦合协调度起显著的促进作用，科技创新和环保水平对中部六省耦合协调度起阻碍作用，投资规模对中部六省耦合协调度的影响作用不显著。中部六省可通过提升城镇化水平、居民生活水平，优化产业结构促进生态与经济耦合协调水平提升；同时，加强对科技创新、环保水平的关注，从而提升其对生态—经济协调发展的促进作用。

7.4.2 建议

生态文明是继原始、农业和工业文明之后出现的保护环境、和谐发展的文明，是以人、自然、社会和谐共生、全面发展、良性循环为宗旨，以维护生态环境为根本，以可持续发展为着眼点的文明。生态文明建设程度如何，直接关系着环境污染治理、资源利用和生态系统完善的实现情况（曹丽平，2015）。结合中部六省耦合协调度影响因素实证分析结果，本书为中部六省生态—经济协调发展提出以下四点建议。

7.4.2.1　大力发展中部六省产业集群

中部六省应进一步提高资源的高效利用能力，推动经济高质量发展，重点发展高端装备制造业、新能源、新材料等新兴产业，充分挖掘中部各省资源禀赋的优势与特色，通过上、中、下游产业链条相联系，提高产业专业化生产水平，加强各省三次产业间的纵向关联程度，推动产业集群发展与壮大，拓展经济上行空间，进一步提升人民生活水平，从而强化其对中部六省生态—经济耦合协调度的驱动力。

7.4.2.2　推动中部六省城市群及新型城镇化建设

中部六省应充分利用地理位置相近、交通便捷、合作基础优越等优势条件，建设中部六省范围内的城市间联动机制，如山西中部盆地城市群，发挥各省经济增长极的辐射带动作用，带动周边城市共同发展。同时，应以跨区域产业合作为纽带，以小区域联动协作带动跨行政区域的合作，如加强与中原城市群的合作。此外，中部六省应不断推进新型城镇化建设，深入贯彻实施《关于深入推进新型城镇化建设的若干意见》，在城镇化过程中注重城镇的资源与生态承载能力，协调人与自然的关系，走可持续发展道路，进一步提升中部六省新型城镇化水平，从而提高中部六省生态—经济耦合协调度。

7.4.2.3　建设中部六省多元环保联动机制

中部六省应坚持"绿水青山就是金山银山"的思想，下决心"打赢蓝天保卫战"，从跨市、跨省两个层面完善生态环境保护协作机制，增强环境保护全局意识，统一规划，联合监测、预警、督查、执法，完善信息共享、科技联合攻关、统一政策法规，构建中部六省多层多元环保联动机制，扭转中部六省生态环境保护水平与耦合协调度不匹配的状况，从而提高中部六省生态—经济协调发展水平。

7.4.2.4　提高中部六省科技创新

中部六省应进一步加强关键技术攻关，提升科研人员创新能力，提高科技创新水平，激发创新主体科技成果转移转化积极性，将更多的创新成果运用到经济发展、生态环境保护的各个方面，扭转中部六省科技创新与耦合协调度不匹配的局面，从而提高中部六省生态—经济协调发展水平。

第8章 山西省资源型城市生态—经济协调演化

8.1 研究区概况

山西省地处黄河流域中部，分布有丰富的矿产资源，是资源开发利用大省，在全国矿业经济中占有重要的地位。10个资源型地级市总面积占全省的95%，人口占全省的88%。[①] 其煤炭、煤层气、铝土矿、镁矿等储量位居全国前列。但近年来，山西省作为传统的"因煤而兴"的资源大省，其过度依赖资源的经济发展方式严重制约了地区经济可持续，使其人民生活水平在全国排名靠后并逐渐陷入了"资源诅咒"陷阱。同时，山西省作为全国典型资源型地区的代表，多年来由于煤炭超强度多层开采，地面沉陷严重，地下水漏失等生态环境问题日趋严峻（商允忠等，2012）。2010年12月，国家发展和改革委员会正式批复设立"山西国家资源型经济转型综合配套改革试验区"，将山西省经济转型提到了国家战略高度。2017年9月，国务院颁布了《关于支持山西省进一步深化改革促进资源型经济转型发展的意见》（以下简称《意见》），成为山西省经济转型发展的指导和纲领。《意见》指出，要努力把山西省改革发展推向更加深入的新阶段，为其他资源型地区经济转型提供可复制、可推广的制度性经验。

---

① 资料来源于《山西统计年鉴2018》。

8.2　评价指标体系

依据构建指标体系的原则以及各指标的可获得性及重要性，参考不同学者的相关研究（洪开荣等，2013；贾培煜等，2019），在衡量经济和生态子系统发展水平的众多指标中，选取工业废水排放量、工业二氧化硫排放量、工业烟尘排放量、工业固体废物综合利用率、建成区绿化覆盖率五项指标衡量生态子系统综合发展水平；选取地方财政一般预算内支出、人均地区生产总值、第三产业占 GDP 比重、社会消费品零售额、固定资产投资总额、当年实际使用外资金额六项指标衡量经济子系统综合发展水平，构建山西省资源型城市生态—经济复合系统协调发展的评价指标体系（见表 8 - 1）。

表 8 - 1　　山西省资源型城市生态—经济协调发展评价指标体系

目标层	指标层		功效性	权重
	名称	单位		
生态子系统	工业废水排放量	万吨	-	0.206
	工业二氧化硫排放量	吨	-	0.196
	工业烟尘排放量	吨	-	0.208
	工业固体废物综合利用率	%	+	0.188
	建成区绿化覆盖率	%	+	0.201
经济子系统	地方财政一般预算内支出	万元	+	0.167
	人均地区生产总值	元	+	0.167
	第三产业占 GDP 比重	%	+	0.168
	社会消费品零售额	万元	+	0.167
	固定资产投资总额	万元	+	0.166
	当年实际使用外资金额	万美元	+	0.165

资料来源：相关年份《山西统计年鉴》及《中国城市统计年鉴》。

8.3 结果与分析

8.3.1 子系统综合发展指数

从经济与生态子系统综合发展指数的动态比较来看，经济子系统发展水平变化较为稳定，而生态子系统发展水平波动性较大。2008～2017年，各资源型城市经济子系统综合发展指数呈上升趋势，在0.15～0.8变化，人民生活水平呈向好发展态势。具体来看，长治市于2013年以后超越大同市成为山西省资源型城市中人民生活水平最高的城市；阳泉市、朔州市、忻州市、吕梁市经济子系统综合发展指数较低，增长速度较慢，发展水平偏低；各资源型城市经济子系统发展水平差距拉大。2008～2017年，各资源型城市生态子系统综合发展指数呈波动上升态势，生态发展水平整体向好，生态环境不断得到改善，临汾市生态发展水平最低（见图8-1）。

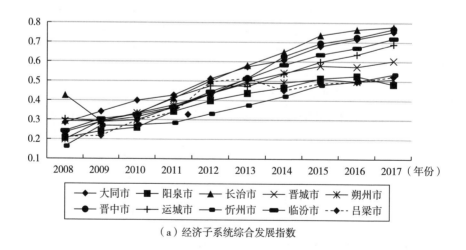

（a）经济子系统综合发展指数

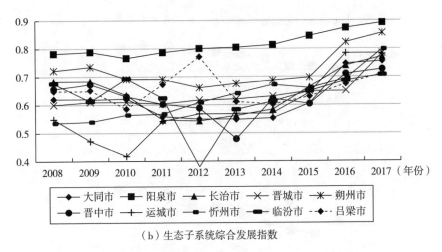

（b）生态子系统综合发展指数

图 8-1 2008~2017 年山西省资源型城市生态与经济子系统综合发展指数
资料来源：相关年份《山西统计年鉴》及《中国城市统计年鉴》。

从山西省各资源型城市生态与人民生活水平的变化来看，2008~2017 年，阳泉市、晋城市、朔州市、运城市、忻州市、吕梁市六个资源型城市生态子系统综合发展水平始终高于经济子系统综合发展水平，大同市、长治市、晋中市、临汾市四个资源型城市由最初的生态子系统发展指数高于经济子系统发展指数演变为经济子系统发展指数高于生态子系统发展指数（见图 8-2）。

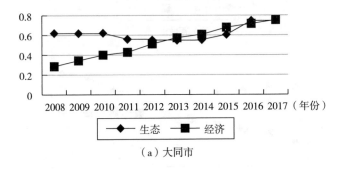

（a）大同市

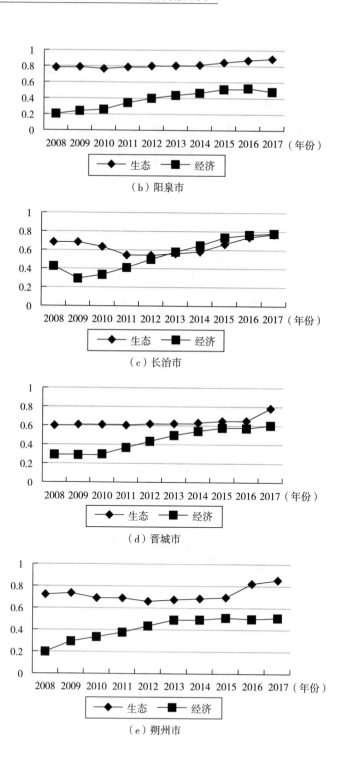

（b）阳泉市

（c）长治市

（d）晋城市

（e）朔州市

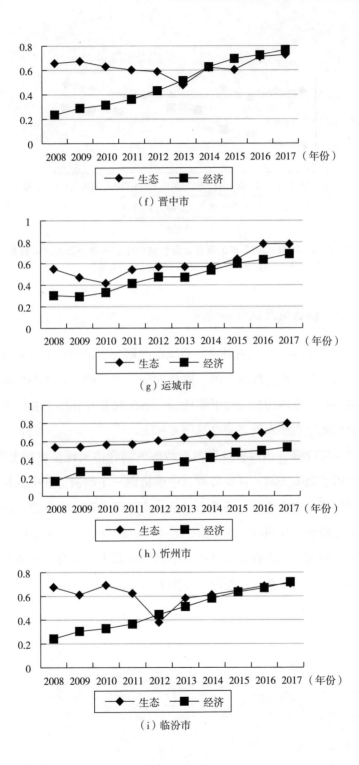

（f）晋中市

（g）运城市

（h）忻州市

（i）临汾市

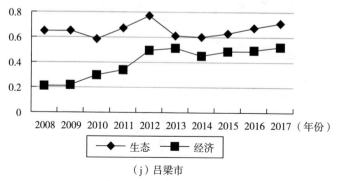

（j）吕梁市

图 8-2　2008～2017 年山西省资源型城市生态—经济综合发展指数

资料来源：相关年份《山西统计年鉴》及《中国城市统计年鉴》。

8.3.2　耦合度及耦合协调度

2008～2017 年，山西省各资源型城市的耦合度呈波动上升状态，整体上经历了低耦合发展、颉颃发展、磨合发展三个阶段，表明各资源型城市生态环境与经济发展的相关性不断增强，系统间相互作用力总体呈上升状态，复合系统呈有序发展态势（见图 8-3）。

2008～2017 年，山西省各资源型城市的耦合协调度呈波动上升状态，整体上经历了濒临失调、轻度协调、中度协调三个阶段。其中，长治市由轻度协调演变为中度协调，晋城市、吕梁市、阳泉市、忻州市由濒临失调演变为轻度协调，大同市、朔州市、晋中市、运城市、临汾市由濒临失调演变为中度协调，山西省资源型城市中尚未有城市达到高度协调水平，且各资源型城市间仍存在一定差距（见图 8-3）。

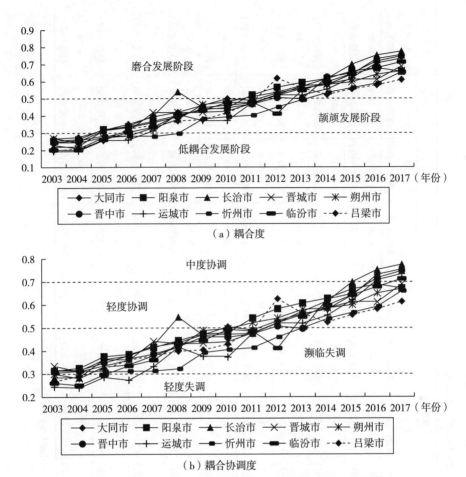

（a）耦合度

（b）耦合协调度

图 8 – 3　2003 ~ 2017 年山西省资源型城市耦合度及耦合协调度

资料来源：相关年份《山西统计年鉴》及《中国城市统计年鉴》。

　　利用自然间断点分级法将区域耦合协调度划分为重度失调、轻度失调、濒临失调、轻度协调、中度协调、高度协调六类。通过计算可以得出，2008 ~ 2017 年，山西省资源型城市耦合协调度集中分布在濒临失调、轻度协调、中度协调三类，并未达到高度协调等级。整体来看，晋西、晋北资源型城市耦合协调度增加较慢，低于晋中、晋南资源型城市（见表 8 – 2）。

表8-2　　　　　　　2008~2017年山西省资源型城市耦合协调度

年份	大同市	阳泉市	长治市	晋城市	朔州市	晋中市	运城市	忻州市	临汾市	吕梁市
2008	0.44（濒临失调）	0.45（濒临失调）	0.55（轻度协调）	0.43（濒临失调）	0.42（濒临失调）	0.42（濒临失调）	0.42（濒临失调）	0.32（濒临失调）	0.43（濒临失调）	0.40（濒临失调）
2009	0.47（濒临失调）	0.47（濒临失调）	0.47（濒临失调）	0.43（濒临失调）	0.49（濒临失调）	0.46（濒临失调）	0.38（濒临失调）	0.39（濒临失调）	0.44（濒临失调）	0.40（濒临失调）
2010	0.50（轻度协调）	0.48（濒临失调）	0.47（濒临失调）	0.44（濒临失调）	0.50（濒临失调）	0.46（濒临失调）	0.37（濒临失调）	0.41（濒临失调）	0.49（濒临失调）	0.43（濒临失调）
2011	0.49（濒临失调）	0.54（轻度协调）	0.48（濒临失调）	0.48（濒临失调）	0.52（轻度协调）	0.47（濒临失调）	0.48（濒临失调）	0.41（濒临失调）	0.49（濒临失调）	0.49（濒临失调）
2012	0.53（轻度协调）	0.58（轻度协调）	0.52（轻度协调）	0.52（轻度协调）	0.54（轻度协调）	0.51（轻度协调）	0.52（轻度协调）	0.46（濒临失调）	0.41（濒临失调）	0.63（轻度协调）
2013	0.56（轻度协调）	0.61（轻度协调）	0.57（轻度协调）	0.56（轻度协调）	0.58（轻度协调）	0.50（濒临失调）	0.52（轻度协调）	0.50（濒临失调）	0.55（轻度协调）	0.56（轻度协调）
2014	0.58（轻度协调）	0.63（轻度协调）	0.62（轻度协调）	0.59（轻度协调）	0.59（轻度协调）	0.62（轻度协调）	0.55（轻度协调）	0.54（轻度协调）	0.60（轻度协调）	0.52（轻度协调）
2015	0.64（轻度协调）	0.67（轻度协调）	0.70（轻度协调）	0.61（轻度协调）	0.60（轻度协调）	0.65（轻度协调）	0.62（轻度协调）	0.57（轻度协调）	0.64（轻度协调）	0.56（轻度协调）
2016	0.73（中度协调）	0.69（轻度协调）	0.75（中度协调）	0.61（轻度协调）	0.65（轻度协调）	0.72（中度协调）	0.71（中度协调）	0.59（轻度协调）	0.68（轻度协调）	0.58（轻度协调）
2017	0.75（中度协调）	0.67（轻度协调）	0.78（中度协调）	0.69（轻度协调）	0.67（轻度协调）	0.75（中度协调）	0.73（中度协调）	0.66（轻度协调）	0.71（中度协调）	0.61（轻度协调）

资料来源：相关年份《山西统计年鉴》及《中国城市统计年鉴》。

8.3.3　山西省资源型城市生态—经济耦合协调度影响因素

8.3.3.1　变量选取与回归模型构建

为了更好地解释山西省资源型城市生态、经济耦合协调度的变化，采用面板数据回归模型检验耦合协调度的影响因素。本章试图从人口、经济、社会、科技创新等方面探究其对耦合协调度的影响，将耦合协调度作为被解释变量，记为 D；将投资规模、产业结构、科技创新、城镇化水平、外资规模作为影响耦合协调度的控制变量，建立面板数据回归模型（见表 8 – 3）。模型设定如下：

$$D = \alpha_0 + \alpha_1 \ln(IN) + \alpha_2 \ln(IS) + \alpha_3 \ln(RD) + \alpha_4 \ln(UR)$$
$$+ \alpha_5 \ln(FDI) + \varepsilon \qquad\qquad (8 - 1)$$

表 8 – 3　　　　　　　　　　　　变量选取

指标	变量	定义
投资规模	IN	固定资产投资总额
产业结构	IS	第三产业产值/GDP
科技创新	RD	地方财政科技支出
城镇化水平	UR	人口城镇化率
外资规模	FDI	实际使用外资金额

8.3.3.2　模型设定检验

通过 EVIEWS 软件对数据进行单位根检验、协整检验，确定数据不存在单位根，即数列平稳。建立基于面板数据的混合估计模型、固定效应模型、随机效应模型。对混合估计模型和固定效应模型进行 LR 检验，检验值为 6.914304，其 $Prob = 0.0000$，故拒绝混合估计模型的原假设，建立固定效应模型。再对固定效应模型和随机效应模型进行豪斯曼检验，结果显示 $Chi - Sq$ 值为 33.998068，其 $Prob = 0.0000$，故拒绝随机效应模型的原假设；且随机效应 R^2 检验值为 0.78，小于固定效应 R^2 值 0.85。因此，选择固定效应模型来分析山西省资源型城市耦合协调度的主要影响因素。

8.3.3.3 估计结果分析

在综合考虑各参数和检验结果后，选取固定效应模型的估计结果为基础进行实证分析（见表8-4）。从回归系数来看，除城镇化水平未通过显著性检验外，各因素对山西省资源型城市耦合协调度的影响程度由大到小分别为：产业结构（0.33）、投资规模（0.07）、科技创新（0.05）、外资规模（0.03），具体来看有以下几个方面。

表8-4   面板数据回归结果

被解释变量	耦合协调度（D）		
	混合估计模型	固定效应模型	随机效应模型
IN	5.013021 ***	3.167565 ***	5.394920 ***
	(0.084103)	(0.068770)	(0.081674)
IS	3.214380 ***	6.032175 ***	5.019039 ***
	(0.139008)	(0.325056)	(0.198337)
RD	0.250467	2.621439 **	1.265340
	(0.005140)	(0.050943)	(0.022116)
UR	-2.926250 ***	-0.750295	-2.354990 **
	(-0.147025)	(-0.041665)	(-0.104050)
FDI	3.847397 ***	4.212075 ***	4.660700 ***
	(0.022919)	(0.027173)	(0.024596)
C	-7.303710 ***	-11.02561 ***	-9.977181
	(-1.651270)	(-2.481677)	(-1.973131)
参数联合检验	$Prob(F-stat)=0.0000$	$Prob(F-stat)=0.0000$	$Prob(F-stat)=0.0000$
R^2	0.744105	0.852264	0.777472

注：* 、** 和 *** 分别表示在10%、5%和1%水平上显著。
资料来源：相关年份《山西统计年鉴》及《中国城市统计年鉴》。

第一，产业结构在1%的水平上与耦合协调度呈显著正相关，产业结构优化水平每提高1%，耦合协调度提高0.32%，表明山西省资源型城市第三产业占GDP比重的增加有利于生态与经济协调发展。随着山西省资源型城市产业结构不断优化，第三产业对经济发展的贡献增强；且相较于第一、第二产业，第三产业对生态负面影响较低。因此，第三产业的发展壮大有利于资源型城市生态与经济耦合协调度水平不断提高。

第二，投资规模在 1% 的水平上与耦合协调度显著正相关，固定资产投资总额每提高 1%，耦合协调度提高 0.07%，表明山西省资源型城市资金投入的增加有利于生态与经济协调发展。随着资源型经济发展受限，投资逐渐转向进入新兴产业、环保产业等绿色经济发展领域，促进经济发展方式转变，对资源依赖程度降低的同时也降低了生态负面影响的程度，进一步推动了山西省资源型城市生态和经济协调发展。

第三，科技创新在 5% 的水平上与耦合协调度呈显著正相关，地方财政科技支出每提高 5%，耦合协调度提高 0.05%，表明科技创新能有效推动山西省资源型城市生态—经济协调发展。随着科技创新的投入力度不断增加，越来越多的科研成果投入创新发展和经济发展提质增效当中，有利于山西省资源型城市提高经济发展质量、改善生态环境。

第四，外资规模在 1% 的水平上与耦合协调度呈显著正相关，实际使用外资金额每提高 1%，耦合协调度提高 0.03%，表明山西省资源型城市外商投资的增加能够促进当地经济发展，增加生态环境建设的投入，改善生态环境，从而有利于生态与经济协调发展。

8.4　小结与建议

8.4.1　小结

本书基于耦合协调度及面板数据回归模型，定量测算了 2008～2017 年山西省资源型城市生态—经济系统综合发展指数、耦合协调水平及其影响因素，研究结果表明：生态与经济子系统综合发展水平均呈波动上升趋势，两系统之间的相关性增强；山西省资源型城市耦合协调度均呈上升趋势，其中长治市由轻度协调演变为中度协调，晋城市、吕梁市、阳泉市、忻州市由濒临失调演变为轻度协调，大同市、朔州市、晋中市、运城市、临汾市由濒临失调演变为中度协调，尚未有城市达到高度协调水平；从面板数据回归结果看，产业结构、投资规模、科技创新、外资规模对山西省资源型城市耦合协调度起显著的促进作用。

8.4.2　建议

在今后的发展中，山西省应当以《山西省"十三五"环境保护规划》为纲领，从产业结构、人民生活水平、外资规模、资金投入等方面提高本省资源型城市生态—经济耦合协调发展水平。一是不断优化产业结构，提高以服务业为主导的第三产业在地区产业中的比重，培育促进经济增长的新兴产业，降低对煤炭资源的过度依赖；二是出台相关政策吸引外资，带动本省资源型城市经济发展；三是加大科学技术和生态环境的投入力度，引进创新型人才，重视山西省新技术的研发，带动经济发展的同时促进生态环境保护。

第9章　河南省资源型城市生态—经济协调演化

9.1　研究区概况

河南省位于我国中东部、黄河中下游地区，总面积 16.7 万平方公里，占全国总面积的 1.73%。河南是全国重要的矿产资源大省和矿业大省，采矿业连续多年位于全国前 5 位。鹤壁市、焦作市、洛阳市、南阳市、平顶山市、濮阳市、三门峡市七个资源型城市总面积占全省的 42.2%，人口占全省的 31.5%，钼、金、铝、银"四大金属矿产"及天然碱、盐矿、耐火黏土、萤石、珍珠岩、水泥灰岩、石墨"七大非金属矿产"等是河南省的优势矿产。其中，鹤壁市、焦作市盛产优质煤，洛阳市钼矿居全国首位，平顶山市是中南地区最大的煤田，濮阳市是我国重要的石油化工基地。[①]
2018 年，7 个资源型城市经济总量占全省的 34.87%，长期以来推动着全省经济社会的发展。[②] 但河南省资源型城市大多以煤而兴，面临着资源依赖性强、环境污染严重等问题，制约着地区的可持续发展。2017 年，河南省政府出台了《河南省资源型城市转型发展规划（2017～2020 年)》，引导资源型城市实现经济持续、健康发展。

---

① 资料来源：《中国矿业年鉴 2018》。
② 资料来源：《河南统计年鉴 2019》。

9.2 评价指标体系

本章依据构建指标体系的原则以及各指标的重要性及可获得性，参考不同学者的相关研究（王中雨，2017），选取工业废水排放总量、工业固体废物综合利用率、工业二氧化硫排放量、建成区绿化覆盖率、工业烟尘排放量五项指标衡量生态子系统综合发展水平；选取城镇居民人均可支配收入、农村居民人均纯收入、第三产业占 GDP 比重、固定资产投资总额、当年实际使用外资金额五项指标衡量经济子系统综合发展水平，构建河南省生态—经济复合系统协调发展的评价指标体系（见表 9 - 1）。

表 9 - 1   河南省资源型城市生态—经济协调发展评价指标体系

目标层	指标层		功效性	权重
	名称	单位		
生态子系统	工业废水排放总量	万吨	-	0.113
	工业固体废物综合利用率	%	+	0.473
	工业二氧化硫排放量	吨	-	0.141
	建成区绿化覆盖率	%	+	0.110
	工业烟尘排放量	吨		0.163
经济子系统	城镇居民人均可支配收入	元	+	0.179
	农村居民人均纯收入	元	+	0.174
	第三产业占 GDP 比重	%	+	0.165
	固定资产投资总额	万元	+	0.224
	当年实际利用外资	万美元	+	0.258

资料来源：相关年份《河南统计年鉴》及《中国城市统计年鉴》。

9.3 结果与分析

9.3.1 子系统综合发展指数

从生态子系统综合发展指数来看，2008～2017 年，河南省各资源型城市生态子系统综合发展指数在 0.2～0.95 变化且均呈波动上升趋势，表明其生态环境得到改善，呈向好发展趋势。其中，鹤壁市、濮阳市的生态子系统保持较高发展水平，三门峡市的生态子系统发展水平较低。从经济子系统综合发展指数来看，河南省各资源型城市经济子系统综合发展指数在0~0.95变化且均呈上升趋势，表明其人民生活水平均不断提高。其中，到2017年，除洛阳市外，其他资源型城市的经济子系统综合发展指数均未超过0.6，且这些城市的经济发展趋势和水平相近；洛阳市经济子系统综合发展指数始终处于首位，且与其他资源型城市的差距不断拉大（见图9-1）。

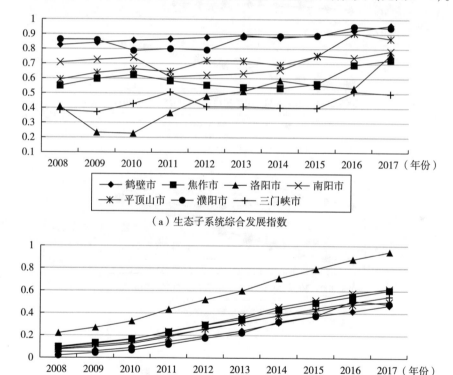

（a）生态子系统综合发展指数

（b）经济子系统综合发展指数

图9-1　2008~2017年河南省资源型城市生态、经济子系统综合发展指数
资料来源：相关年份《河南统计年鉴》及《中国城市统计年鉴》。

从各资源型城市生态与人民生活水平的变化来看，2008~2017年，鹤壁市、焦作市、南阳市、平顶山市、濮阳市的生态子系统综合发展指数均高于经济子系统综合发展指数，表明其生态环境水平高于人民生活水平；但两者之间的差距逐渐缩小，表明随着人民生活水平的不断提高，生态系统也呈现向好发展态势，经济发展与生态环境相适应，且经济发展速度较快。洛阳市经济子系统综合发展指数在 2009 年后超过生态子系统，三门峡市经济子系统综合发展指数在 2014 年前后逐渐超过生态子系统，表明两市的人民生活水平逐步高于生态环境水平，且两者的差距逐渐缩小（见图 9-2）。

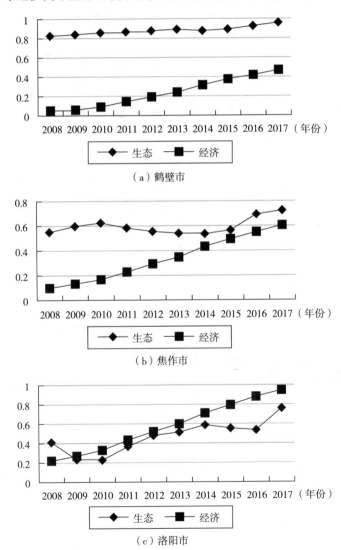

（a）鹤壁市

（b）焦作市

（c）洛阳市

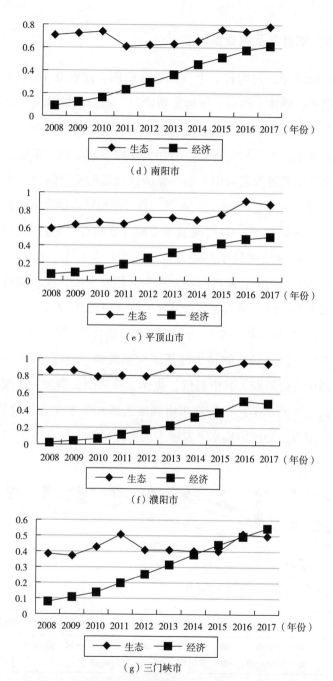

（d）南阳市

（e）平顶山市

（f）濮阳市

（g）三门峡市

图 9 - 2　2008~2017 年河南省资源型城市生态—经济综合发展指数

资料来源：相关年份《河南统计年鉴》及《中国城市统计年鉴》。

9.3.2 耦合度及耦合协调度

2008～2017 年，河南省七个资源型城市耦合度在 0.3～1.0 变化且总体呈上升趋势，整体上经历了颉颃发展阶段、磨合发展阶段、高耦合发展阶段三个发展阶段。2013 年后河南省资源型城市均达到高耦合发展阶段，各资源型城市生态环境与经济发展的相关性均不断增强，系统呈有序发展态势。根据河南省资源型城市生态—经济耦合度的变化情况，大致可分为两个阶段：第一阶段是 2008～2014 年，各资源型城市耦合度大幅上升；第二阶段是 2014～2017 年，各资源型城市耦合度相对稳定且差距显著缩小。具体来看，洛阳市始终处于高耦合发展阶段；焦作市、南阳市、平顶山市、三门峡四市均由磨合发展阶段发展为高耦合发展阶段；鹤壁市和濮阳市则由颉颃发展阶段发展为高耦合发展阶段（见图 9-3）。

2008～2017 年，河南省七个资源型城市耦合协调度在 0.35～0.95 之间变化且总体不断增长，整体上经历了濒临失调、轻度协调、中度协调、高度协调四个发展阶段。其中鹤壁、焦作、平顶山、濮阳市由濒临失调水平发展为高度协调水平；三门峡市由濒临失调水平发展为中度协调水平；洛阳市、南阳市由轻度协调水平发展为高度协调水平（见图 9-3）。

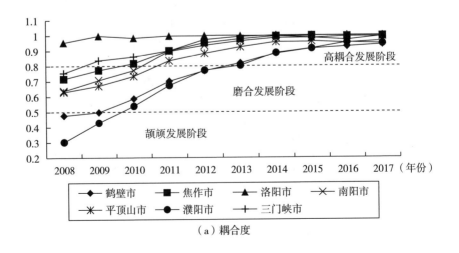

（a）耦合度

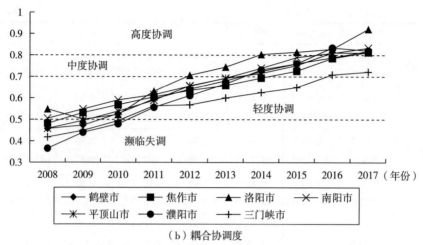

（b）耦合协调度

图 9 - 3　2008 ～ 2017 年河南省资源型城市耦合度及耦合协调度

资料来源：相关年份《河南统计年鉴》及《中国城市统计年鉴》。

利用自然间断点分级法将区域耦合协调度划分为重度失调、轻度失调、濒临失调、轻度协调、中度协调、高度协调六类。通过计算可以得出，2008 ～ 2017 年，河南省资源型城市耦合协调度集中分布在濒临失调、轻度协调、中度协调、高度协调四类。到 2017 年，除三门峡市外其余各资源型城市均达到了高度协调发展水平（见表 9 - 2）。

表 9 - 2　　　　　　　　　2008 ～ 2017 年河南省资源型城市耦合协调度

年份	鹤壁市	焦作市	洛阳市	南阳市	平顶山市	濮阳市	三门峡市
2008	0.46 （濒临失调）	0.48 （濒临失调）	0.55 （轻度协调）	0.50 （轻度协调）	0.46 （濒临失调）	0.37 （濒临失调）	0.42 （濒临失调）
2009	0.47 （濒临失调）	0.53 （轻度协调）	0.50 （轻度协调）	0.55 （轻度协调）	0.50 （轻度协调）	0.44 （濒临失调）	0.45 （濒临失调）
2010	0.53 （轻度协调）	0.57 （轻度协调）	0.52 （轻度协调）	0.59 （轻度协调）	0.54 （轻度协调）	0.48 （濒临失调）	0.49 （濒临失调）
2011	0.60 （轻度协调）	0.60 （轻度协调）	0.63 （轻度协调）	0.61 （轻度协调）	0.59 （轻度协调）	0.56 （轻度协调）	0.56 （轻度协调）
2012	0.64 （轻度协调）	0.64 （轻度协调）	0.71 （轻度协调）	0.66 （中度协调）	0.66 （轻度协调）	0.61 （轻度协调）	0.57 （轻度协调）

续表

年份	鹤壁市	焦作市	洛阳市	南阳市	平顶山市	濮阳市	三门峡市
2013	0.68 （轻度协调）	0.66 （轻度协调）	0.74 （轻度协调）	0.69 （中度协调）	0.69 （轻度协调）	0.67 （轻度协调）	0.60 （轻度协调）
2014	0.72 （中度协调）	0.69 （轻度协调）	0.80 （中度协调）	0.74 （高度协调）	0.72 （中度协调）	0.73 （中度协调）	0.63 （轻度协调）
2015	0.76 （中度协调）	0.73 （中度协调）	0.81 （中度协调）	0.79 （高度协调）	0.75 （中度协调）	0.76 （中度协调）	0.65 （轻度协调）
2016	0.79 （中度协调）	0.79 （中度协调）	0.83 （高度协调）	0.81 （高度协调）	0.81 （高度协调）	0.83 （高度协调）	0.71 （中度协调）
2017	0.82 （高度协调）	0.81 （高度协调）	0.92 （高度协调）	0.83 （高度协调）	0.81 （高度协调）	0.82 （高度协调）	0.72 （中度协调）

资料来源：相关年份《河南统计年鉴》及《中国城市统计年鉴》。

9.3.3 河南省资源型城市生态—经济耦合协调度影响因素

9.3.3.1 变量选取与回归模型构建

为了探索河南省资源型城市生态—经济协调发展的影响因素，本书运用面板数据回归模型进行检验，为各资源型城市实现生态—经济协调发展提供具有科学依据的建议。考虑到生态环境与经济发展之间的现实问题，本章试图从人口、经济、社会、科技创新等方面探究其对耦合协调度的影响，将耦合协调度作为被解释变量，记为 D；将人民生活水平、环保水平、城镇化水平、产业结构、投资规模、科技创新作为影响耦合协调度的控制变量，建立面板数据回归模型（见表 9-3）。模型设定如下：

$$D = \alpha_0 + \alpha_1 \ln(PCGDP) + \alpha_2 \ln(EP) + \alpha_3 \ln(UR) + \alpha_4 \ln(IS) +$$
$$\alpha_5 \ln(IN) + \alpha_6 \ln(RD) + \varepsilon \qquad\qquad (9-1)$$

表 9-3 　　　　　　　　　　　　　　　变量选取

指标	变量	定义
人民生活水平	PCGDP	人均 GDP
环保水平	EP	节能环保支出/GDP

续表

指标	变量	定义
城镇化水平	UR	人口城镇化率
产业结构	IS	第三产业产值/GDP
投资规模	IN	固定资产投资/GDP
科技创新	RD	地方财政科技支出/人口

9.3.3.2　模型设定检验

通过 EVIEWS 软件对数据进行单位根检验、协整检验后，建立基于面板数据的混合估计模型、固定效应模型、随机效应模型。对混合估计模型和固定效应模型进行 LR 检验，检验值为 34.59，其 $Prob = 0.0000$，故拒绝混合估计模型的原假设，建立固定效应模型。再对固定效应模型和随机效应模型进行豪斯曼检验，结果显示 $Chi - Sq$ 值为 207.57，其 $Prob = 0.0000$，故拒绝随机效应模型的原假设；且随机效应 R^2 检验值为 0.78，小于固定效应 R^2 值 0.95。因此，选择固定效应模型来分析河南省资源型城市耦合协调度的主要影响因素。

9.3.3.3　估计结果分析

在综合考虑各参数和检验结果后，选取固定效应模型的估计结果为基础进行实证分析（见表 9-4）。从回归系数来看，除环保水平和城镇化水平未通过显著性检验外，各因素对河南省资源型城市耦合协调度的影响程度由大到小分别为：投资规模（0.31）、科技创新（0.23）、产业结构（0.19）、人民生活水平（0.15）。具体来看有以下几个方面。

第一，投资规模在 1% 的水平上与耦合协调度显著正相关，投资规模每扩大 1%，耦合协调度提高 0.31%。表明随着河南省资源型城市固定资产投资的不断增加，基础设施不断完善，河南省对地区生态文明建设投入不断增加，提高了生态环境治理的力度与水平，进一步促进了河南省资源型城市生态—经济协调发展。

第二，科技创新在 1% 的水平上与耦合协调度显著正相关，科技创新每提高1%，耦合协调度提高0.23%，表明科技创新的提高与河南省各资源型城市生态—经济协调发展有紧密联系。随着地方政府对科技创新投入的不断增加，地区科技创新得以提升，更多的先进技术运用到经济发展领域与生态环境保护领域，从而有利于地区经济发展和生态文明建设，推动河南省各资源型城市生态—经济协调发展。

第三，产业结构在5%的水平上与耦合协调度显著正相关，产业结构优化水平每提高5%，耦合协调度提高0.19%。产业结构的不断优化必然促进知识和技术密集型产业占比的扩大以及各产业自身生产技术的提高，一方面有利于通过产品附加值的提升带动当地经济向好发展；另一方面有利于通过生产废弃物综合利用率的提高改善当地生态环境，进而促进生态—经济协调发展。

第四，人民生活水平在5%的水平上与耦合协调度显著正相关，人民生活水平每提高5%，耦合协调度提高0.15%。人民生活水平的提高使得人们对生活环境质量有了更高的要求，同时对生态环境保护的意识和自主性进一步增强，有利于生态环境质量的改善。反过来，生态文明建设的推进有利于人民生活水平的进一步提高，在很大程度上形成人民生活与生态环境同步改善的良性局面，进而推动地区生态—经济协调发展。

表9－4 面板数据回归结果

被解释变量	耦合协调度（D）		
	随机效应模型	混合估计模型	固定效应模型
$PCGDP$	0.164925 *** (2.906811)	0.145605 ** (2.456436)	0.164925 *** (5.956891)
EP	5.632001 *** (2.709034)	−1.533073 (−1.000544)	5.632001 *** (5.551588)
UR	0.338829 (1.321225)	−0.591073 (−1.368912)	0.338829 *** (2.707568)
IS	0.300069 *** (4.804478)	0.185714 ** (2.329118)	0.300069 *** (9.845754)

续表

被解释变量	耦合协调度（D）		
	随机效应模型	混合估计模型	固定效应模型
IN	0.264520 ***	0.311743 ***	0.264520 ***
	(3.776176)	(5.722568)	(7.738468)
RD	−0.009281	0.226757 ***	−0.009281
	(−0.220483)	(6.101416)	(−0.451834)
C	−0.400759 **	−0.982698 ***	−0.400759 ***
	(−1.807809)	(−4.111287)	(−3.704719)
参数联合检验	$Prob(F-stat)=0.0000$	$Prob(F-stat)=0.0000$	$Prob(F-stat)=0.0000$
R^2	0.779110	0.952411	0.779110

注：*、** 和 *** 分别表示在10%、5%和1%水平上显著。

资料来源：相关年份《河南统计年鉴》及《中国城市统计年鉴》。

9.4　小结与建议

9.4.1　小结

本章通过构建生态—经济协调发展评价指标体系，运用生态—经济系统耦合协调度模型，定量测算了2008～2017年河南省资源型城市生态子系统与经济子系统的综合发展指数、复合系统耦合度及耦合协调度的变化状态，并运用面板数据回归模型对河南省资源型城市耦合协调度的影响因素进行研究。结果表明以下几个方面（陈佳宁等，2020）。

第一，各资源型城市的生态与经济子系统综合发展指数均呈波动上升趋势，鹤壁市、焦作市、南阳市、平顶山市、濮阳市五个城市的生态子系统发展水平均高于经济子系统发展水平，洛阳市、三门峡市经济子系统发展水平超过生态子系统。

第二，各资源型城市耦合度总体呈上升趋势，2017年均发展到高耦合阶段，各资源型城市生态环境与经济发展的相关性均不断提升；耦合协调度不断增长，其中鹤壁市、焦作市、洛阳市、南阳市、平顶山市、濮阳市六个城市均达到高度协调水平，三门峡市达到中度协调水平。

第三，从面板数据回归结果看，投资规模、科技创新、产业结构、人民生活水平对河南省资源型城市耦合协调度起显著的促进作用，环保水平、城镇化水平对耦合协调度的影响不显著。

9.4.2　建议

生态文明建设坚持节约资源和保护环境的基本国策，坚持节约优先、保护优先、自然恢复为主的方针，从源头上扭转生态环境恶化趋势，是应对资源环境生态约束的必然选择。河南省各资源型城市应以《河南省资源型城市转型发展规划（2017～2020 年）》为纲领，在正确处理好经济发展与生态环境关系的前提下，大力发展生产力，通过对固定资产投资的管理，积极引导资金投向生态环境保护与治理领域；积极发展新兴产业、绿色产业，处理好三次产业之间的关系，充分利用各地的优势资源发展经济；加大对科学技术的投入力度，重视拓展研发新技术，并将其运用到生态环境领域中；重视生态环境建设和保护，强化提高居民的环保意识，通过完善法律法规，严格控制资源开采强度，提高资源利用效率和废弃物综合利用率，减少对生态环境的压力，并对已经遭到破坏的生态环境，采取相应措施积极进行修复。

第 10 章　安徽省资源型城市生态——经济协调演化

10.1　研究区概况

安徽省位于中国中东部，是长江三角洲的组成部分。全省南北长约570千米，东西宽约450千米，总面积14.01万平方千米，约占中国国土面积的1.45%。安徽省作为资源大省，北有以煤建市的淮南市和淮北市，南有以钢兴市的马鞍山市、以铜兴市的铜陵市等。九个资源型城市总面积占全省的41.3%，人口占全省的49.2%。2018年，其经济总量占全省的40%，为国民经济和社会发展作出重大贡献。① 近年来，安徽省资源型城市在发展过程中面临的资源枯竭造成经济发展后劲不足和资源开采带来的生态破坏等问题日益凸显。因此，研究安徽省资源型城市生态——经济协调发展并提出支撑其可持续发展的对策具有重要的现实意义。

10.2　评价指标体系

依据构建指标体系的原则以及各指标的重要性，在数据可获取的基础上，参考不同学者的相关研究（陈佳宁等，2020），选取建成区绿化覆盖率、工业废水排放量、工业烟尘排放量、工业固体废物综合利用率、工业

---

① 资料来源：《安徽统计年鉴 2019》。

二氧化硫排放量五项指标衡量生态子系统综合发展水平；选取第三产业占GDP比重、固定资产投资总额、当年实际使用外资金额、城乡居民储蓄年末余额、地区生产总值五项指标衡量经济子系统综合发展水平，构建安徽省资源型城市生态—经济复合系统协调发展的评价指标体系（见表10-1）。

表10-1   安徽省资源型城市生态—经济协调发展评价指标体系

目标层	指标层		功效性	权重
	名称	单位		
生态子系统	建成区绿化覆盖率	%	+	0.194
	工业废水排放量	万吨	–	0.342
	工业烟尘排放量	吨	–	0.110
	工业固体废物综合利用率	%	+	0.178
	工业二氧化硫排放量	吨	–	0.176
经济子系统	第三产业占GDP比重	%	+	0.119
	固定资产投资总额	万元	+	0.225
	当年实际使用外资金额	万美元	+	0.354
	城乡居民储蓄年末余额	万元	+	0.177
	地区生产总值	万元	+	0.125

资料来源：相关年份《安徽统计年鉴》及《中国城市统计年鉴》。

10.3   结果与分析

10.3.1   子系统综合发展指数

从经济子系统综合发展指数来看，2008~2017年，安徽省各资源型城市经济子系统综合发展指数在0.05~0.95变化且均呈上升趋势，表明其人民生活水平呈向好态势。根据安徽省资源型城市经济子系统综合发展指数的变化情况，可大致分为两个阶段：第一阶段为2008~2013年，缓慢波动上升阶段，人民生活水平较低；第二阶段为2013~2017年，快速增长阶段，经济发展达到较高水平。具体来看，2017年，马鞍山市经济子系统综合发展水平最高，池州市经济子系统综合发展水平最低，且各资源型城市差距加大，如图 10 - 1（a）所示。

　　从生态子系统综合发展指数来看，2008～2017 年，安徽省各资源型城市生态子系统综合发展指数在 0.35～0.85 变化且均呈上升趋势，表明其生态环境水平呈向好态势。具体来看，宣城市、铜陵市、淮北市、滁州市的综合发展指数呈稳步上升状态，且变化幅度较小；宿州市、马鞍山市、淮南市、池州市的综合发展指数呈波动上升状态，且变化较为剧烈；亳州市的综合发展指数呈波动下降状态。2017 年，池州市生态子系统综合发展水平最高，马鞍山市生态子系统综合发展水平最低图，如图 10 - 1（b）所示。

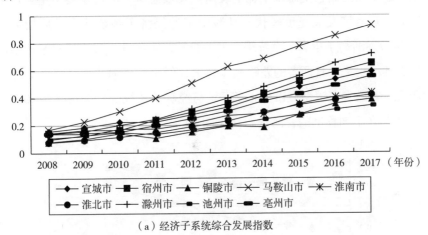

（a）经济子系统综合发展指数

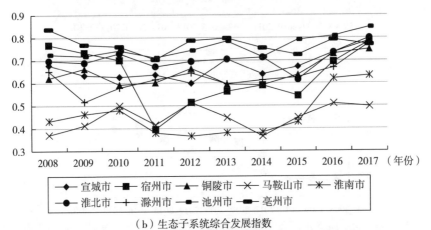

（b）生态子系统综合发展指数

图 10 - 1　2008～2017 年安徽省资源型城市生态、经济子系统综合发展指数

资料来源：相关年份《安徽统计年鉴》及《中国城市统计年鉴》。

从生态与经济子系统综合发展指数的动态比较来看，经济子系统发展水平波动性较小，而生态子系统发展水平波动性较大，说明安徽省资源型城市生态环境质量不稳定。

从各资源型城市生态与人民生活水平来看，2008～2017年，宣城市、宿州市、铜陵市、淮南市、淮北市、滁州市、池州市、亳州市八个城市的生态子系统综合发展指数均高于经济子系统综合发展指数，表明其生态环境与人民生活水平相协调，且两者之间的差距逐渐缩小，表明随着人民生活水平的不断提高，生态系统也呈现向好发展态势，经济发展与生态环境相适应，且经济发展速度较快。马鞍山市的经济子系统综合发展指数在2012年后逐渐高于生态子系统综合发展指数，表明其人民生活水平逐步高于生态环境水平，且两者的差距逐步拉大，经济发展对生态环境的破坏较为严重。安徽省资源型城市生态子系统与经济子系统的发展状况在2008～2017年存在不同程度的背离状态（见图10-2）。

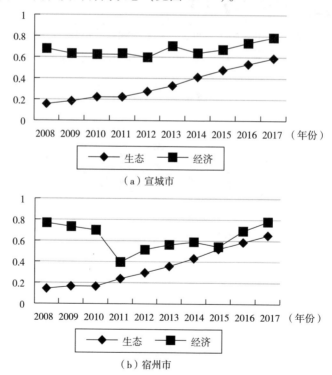

（a）宣城市

（b）宿州市

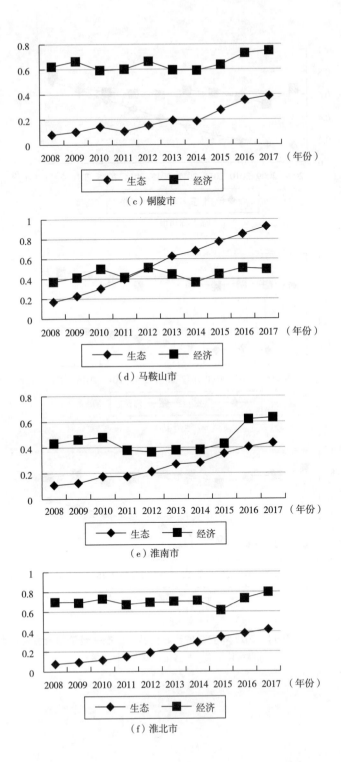

（c）铜陵市

（d）马鞍山市

（e）淮南市

（f）淮北市

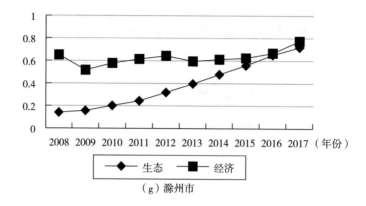

（g）滁州市

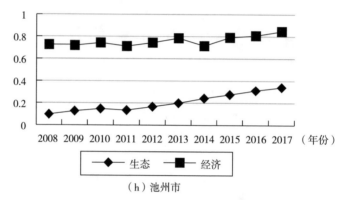

（h）池州市

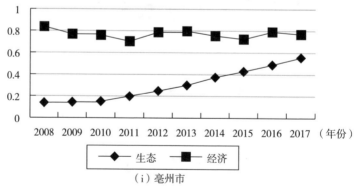

（i）亳州市

图 10 - 2　2008～2017 年安徽省资源型城市生态—经济综合发展指数

资料来源：相关年份《安徽统计年鉴》及《中国城市统计年鉴》。

10.3.2　耦合度及耦合协调度

2008～2017 年，安徽省各资源型城市的耦合度在 0.5～1.0 变化且均呈稳步上升状态，整体上经历了磨合发展阶段、高耦合发展阶段两个发展阶段，表明安徽省各资源型城市生态环境与经济发展的相关性不断增强，系统间相互作用力总体呈上升状态，复合系统呈有序发展态势。根据安徽省各资源型城市耦合度的变化情况，可大致分为两个阶段：第一阶段为 2008～2015 年，耦合度不断上升；第二阶段为 2015～2017 年，耦合度基本稳定且各资源型城市差距显著缩小。具体来看，马鞍山市、淮南市一直处于高耦合阶段，宣城市、宿州市、铜陵市、淮北市、滁州市、亳州市、池州市由磨合发展阶段提高至高耦合发展阶段（见图 10－3）。

2008～2017 年，安徽省资源型城市的耦合协调度在 0.45～0.9 变化且均呈现上升状态，整体上经历了濒临失调、轻度协调、中度协调、高度协调四个发展阶段。其中，宣城市、宿州市、马鞍山市、滁州市、亳州市由轻度协调水平发展为高度协调水平；铜陵市、淮北市、淮南市、池州市则由濒临失调水平发展为中度协调水平，可见安徽省资源型城市生态—经济耦合协调发展水平总体上提升幅度较大，但各资源型城市之间仍存在较明显的发展差距（见图 10－3）。

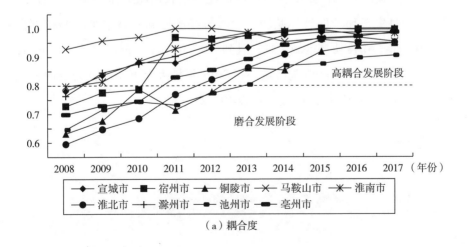

（a）耦合度

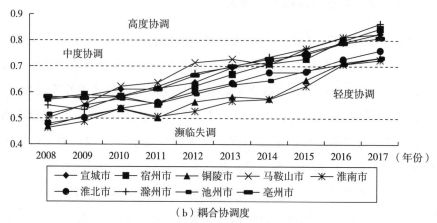

（b）耦合协调度

图 10 - 3　2008～2017 年安徽省资源型城市耦合度及耦合协调度

资料来源：相关年份《安徽统计年鉴》及《中国城市统计年鉴》。

　　2008～2017 年，安徽省各资源型城市的耦合协调度均稳步上升，总体上经历了濒临失调、轻度协调、中度协调、高度协调四个阶段。具体来看，濒临失调区域由 2008 年三市缩小至 2009 年的一市；2010 年开始，资源型城市全部进入轻度协调状态；自 2011 年安徽省出台《关于促进资源型城市转型与可持续发展的意见》，从加快培育壮大接续替代产业、加强环境整治和生态保护、深入推进采煤沉降区治理等六个方面为资源型城市可持续发展提出意见，促使资源型城市经济增长由粗放型向集约型转变，经济发展对生态环境的破坏减弱，生态与经济协调发展水平不断得到提升。2012 年，中度协调区域出现，且到 2015 年中度协调区域扩大至五市；2016 年，三市进入高度协调区域，在 2017 年扩大至五市，其余资源型城市也相继进入了中度协调区域（见表 10 - 2）。

表10－2 2008～2017年安徽省资源型城市耦合协调度

年份	宣城市	宿州市	铜陵市	马鞍山市	淮南市	淮北市	滁州市	池州市	亳州市
2008	0.57 (轻度协调)	0.58 (轻度协调)	0.47 (濒临失调)	0.50 (轻度协调)	0.46 (濒临失调)	0.48 (濒临失调)	0.55 (轻度协调)	0.52 (轻度协调)	0.58 (轻度协调)
2009	0.58 (轻度协调)	0.59 (轻度协调)	0.51 (轻度协调)	0.55 (轻度协调)	0.49 (濒临失调)	0.50 (轻度协调)	0.53 (轻度协调)	0.55 (轻度协调)	0.58 (轻度协调)
2010	0.61 (轻度协调)	0.58 (轻度协调)	0.54 (轻度协调)	0.62 (轻度协调)	0.54 (轻度协调)	0.54 (轻度协调)	0.58 (轻度协调)	0.58 (轻度协调)	0.58 (轻度协调)
2011	0.61 (轻度协调)	0.55 (轻度协调)	0.50 (轻度协调)	0.64 (轻度协调)	0.51 (轻度协调)	0.56 (轻度协调)	0.62 (轻度协调)	0.56 (轻度协调)	0.61 (轻度协调)
2012	0.64 (轻度协调)	0.62 (轻度协调)	0.56 (轻度协调)	0.71 (中度协调)	0.53 (轻度协调)	0.60 (轻度协调)	0.67 (轻度协调)	0.59 (轻度协调)	0.67 (轻度协调)
2013	0.69 (轻度协调)	0.67 (轻度协调)	0.58 (轻度协调)	0.73 (中度协调)	0.57 (轻度协调)	0.63 (轻度协调)	0.70 (中度协调)	0.63 (轻度协调)	0.70 (中度协调)
2014	0.72 (中度协调)	0.71 (中度协调)	0.58 (轻度协调)	0.71 (中度协调)	0.57 (轻度协调)	0.68 (轻度协调)	0.74 (中度协调)	0.65 (轻度协调)	0.73 (中度协调)
2015	0.75 (中度协调)	0.73 (中度协调)	0.65 (轻度协调)	0.77 (中度协调)	0.62 (轻度协调)	0.68 (轻度协调)	0.77 (中度协调)	0.68 (轻度协调)	0.75 (中度协调)
2016	0.79 (中度协调)	0.80 (高度协调)	0.71 (中度协调)	0.81 (高度协调)	0.71 (中度协调)	0.73 (中度协调)	0.81 (高度协调)	0.71 (中度协调)	0.79 (中度协调)
2017	0.83 (高度协调)	0.85 (高度协调)	0.73 (中度协调)	0.82 (高度协调)	0.72 (中度协调)	0.76 (中度协调)	0.86 (高度协调)	0.73 (中度协调)	0.81 (高度协调)

资料来源：相关年份《安徽统计年鉴》及《中国城市统计年鉴》。

10.3.3 安徽省资源型城市生态—经济耦合协调度影响因素

10.3.3.1 变量选取与回归模型构建

为了更好地解释资源型城市生态与经济耦合协调度的影响因素，为今后制定发展战略提供科学的决策依据，采用面板数据回归模型检验耦合协调度的影响因素。生态与经济组成的复合系统主要是在人类的干扰下形成的有机整体，因此本章试图从社会、经济、人口、环保意识、科技创新等方面探究其对耦合协调度的影响，将耦合协调度作为被解释变量，记为 D；将投资规模、人民生活水平、产业结构、科技创新、环保水平、城镇化水平作为影响耦合协调度的控制变量，建立面板数据回归模型（见表 10 – 3）。模型设定如下：

$$D = \alpha_0 + \alpha_1\ln(IN) + \alpha_2\ln(PCGDP) + \alpha_3\ln(IS) + \alpha_4\ln(RD) +$$
$$\alpha_5\ln(EP) + \alpha_6\ln(UR) + \varepsilon \qquad (10-1)$$

表 10 – 3　　　　　　　　　　　　变量选取

指标	变量	定义
投资规模	IN	固定资产投资总额/GDP
人民生活水平	PCGDP	人均 GDP
产业结构	IS	第三产业占 GDP 比重
科技创新	RD	R&D 经费支出/GDP
环保水平	EP	节能环保支出/GDP
城镇化水平	UR	人口城镇化率

10.3.3.2 模型设定检验

利用 EViews 软件分别建立基于面板数据的混合估计模型、固定效应模型和随机效应模型。混合估计模型默认不同个体和截面之间不存在显著性差异，R^2 检验值为 0.59，模型可成立。利用 LR 检验选择建立混合模型还是固定效应模型，其中 $Prob = 0.0000$，结果拒绝原假设，因此建立固定效应模型。与固定效应模型相比，随机效应模型相当于将固定效应中的截距分解为截面随机误差项和时间随机误差项，即各城市具有相同的截距项，个体差异主要反映在随机干扰项。利用豪斯曼统计量对模型进行检验，其中豪斯曼统计量值为 148.62，对应的 P 值为 0.0000，表明结果拒绝原假设；且随机效应 R^2 检验值为 0.59，小于固定效应 R^2 值 0.86，表明应选择固定效应模型对安徽省资源型城市耦合协调度影响因素进行分析。

10.3.3.3　估计结果分析

在综合考虑各参数和检验结果后，选取固定效应模型的估计结果为基础进行实证分析（见表 10 - 4）。从回归系数来看，各因素对资源型城市耦合协调度的影响程度由大到小分别为：科技创新（5.41）、环保水平（5.26）、产业结构（0.90）、城镇化水平（- 0.38）、投资规模（0.10）、人民生活水平（0.04）。具体来看有以下几个方面。

第一，科技创新在 1% 的水平上与耦合协调度呈显著正相关，R&D 经费支出每增加 1%，耦合协调度上升 5.41%。表明科技创新是推动安徽省资源型城市协调发展水平提高的主要动力之一。安徽省高新技术产业体量大，企业创新能力较强，区域创新能力持续发展动力较强（杨凤，2017）。随着科技创新的投入力度不断增加，越来越多的科研成果投入创新发展和提质增效中，有利于安徽省资源型城市经济发展。

第二，环保水平在 10% 的水平上与耦合协调度呈显著正相关，节能环保支出占 GDP 比重每增加 10%，耦合协调度上升 5.25%。资源环境保护意识是生态文明建设的重要精神内容，自觉维护和利用好资源环境不仅有利于促进地区生态环境改善，也有利于地区绿色经济的发展壮大。

第三，产业结构在 1% 的水平上与耦合协调度呈显著正相关，第三产业占 GDP 比重每提高 1%，耦合协调度上升 0.90%。第三产业具有低污染、低投入、高回报的特点，随着人民生活水平的不断提高，产业结构不断优化升级，资源型城市第二产业占 GDP 比重下降，第三产业发展水平得到提升，意味着经济发展对生态环境的污染与破坏程度降低，有利于生态环境状况的恢复与改善。同时，相较于第一产业和第二产业，第三产业对经济发展的带动作用见效更快，能够带来更多的就业机会与发展机遇，第三产业的发展会快速带动地区经济的发展。因此，随着产业结构的优化升级，资源型城市生态与经济耦合协调度水平不断提高。

第四，城镇化水平在1%的水平上与耦合协调度呈显著负相关，人口城镇化率每提高1%，耦合协调度减少0.38%，表明随着资源型城市城镇人口的不断增加，城市人口密度提升，工业强度增大，人均绿地面积等资源相对减少，主要大气污染排放物及生活垃圾等显著增加，生态环境的人口承载压力增大，对资源型地区生态环境与经济协调发展产生一定的阻碍作用。

第五，投资规模在5%的水平上与耦合协调度呈显著正相关，固定资产投资总额每提高5%，耦合协调度上升0.09%。近年来，随着固定资产投资额的不断增长，资源型城市对生态基础设施、人居环境、生态文明建设等投入也不断增加，进一步推动了安徽省资源型城市的协调发展。

第六，人民生活水平在1%的水平上与耦合协调度呈显著正相关，人均GDP每增加1%，耦合协调度上升0.04%，表明其对安徽省资源型城市经济与生态协调发展具有显著影响。随着人民生活水平的提高，安徽省资源型城市逐渐减少了对高耗能、高污染型产业的依赖，转而大力发展节能、绿色、环保的现代服务业和新兴产业，走循环经济发展道路。同时，人们对生活环境与质量有了更高的要求，对于生态环境保护的意识与能力增强，有利于促进资源型城市生态与经济协调发展。

表 10 − 4   面板数据回归结果

被解释变量 模型设定	耦合协调度（D）		
	混合估计模型	固定效应模型	随机效应模型
IN	0.146718 *** （3.677201）	0.097279 ** （2.236426）	0.146718 *** （6.055801）
$PCGDP$	0.007509 （1.045909）	0.039044 *** （5.430978）	0.007509 * （1.722457）

续表

被解释变量 模型设定	耦合协调度(D)		
	混合估计模型	固定效应模型	随机效应模型
IS	0.840422 *** (4.43924)	0.899778 *** (5.201885)	0.840422 *** (7.310765)
RD	4.340941 ** (2.225903)	5.411089 *** (3.7045)	4.340941 *** (3.66573)
EP	−5.61349 (−1.527235)	5.257022 * (1.79655)	−5.61349 ** (−2.515127)
UR	−0.28801 *** (−3.540443)	−0.38258 *** (−3.195191)	−0.28801 *** (−5.83058)
c	0.261107 *** (4.044396)	0.143989 *** (3.030091)	0.261107 *** (6.660516)
参数联合检验	$Prob(F-stat)=0.0000$	$Prob(F-stat)=0.0000$	$Prob(F-stat)=0.0000$
R^2	0.591661	0.863951	0.591661

注：*、** 和 *** 分别表示在 10%、5% 和 1% 水平上显著。

资料来源：相关年份《安徽统计年鉴》及《中国城市统计年鉴》。

10.4　小结与建议

10.4.1　小结

本章基于耦合协调度及面板数据回归模型，定量测算了 2008~2017 年安徽省资源型城市生态环境与经济发展耦合协调水平及其影响因素，研究结果表明：安徽省资源型城市经济与生态子系统综合发展水平均呈上升趋势，两者相关性不断增强，耦合协调水平稳步上升，总体上经历了濒临失调、轻度协调、中度协调、高度协调四个阶段。从面板数据回归结果看，科技创新、环保水平、产业结构、投资规模、人民生活水平对安徽省资源型城市耦合协调度起显著的促进作用，城镇化水平则对安徽省资源型城市耦合协调度起阻碍作用。

10.4.2 建议

生态文明是物质文明、精神文明、政治文明的基础和前提，推进生态文明建设是全面建成小康社会的必由之路。安徽省资源型城市在发展过程中要重视生态环境与经济发展相协调，保持经济稳步增长；引导固定资产投资等资金投入流向高新技术产业和环境友好型产业，同时大力发展服务业及第三产业，带动资源型城市产业结构不断升级；把加强居民的环境保护意识与增强产业的科技创新结合起来，不断提升产业科技投入，在增强产业竞争力的同时改善生态环境；以国土空间规划为契机，合理引导人口城镇化方向，重视城镇化适度水平，避免区域内人口密度过大造成土地和水资源承载力不堪重负。

第11章　江西省资源型城市生态——经济协调演化

11.1　研究区概况

江西省地处中国东南偏中部长江中下游南岸，全省总面积16.69万平方千米，占全国总面积的1.74%，总人口4647余万人，2019年，江西省五个资源型城市人口占全省的40.95%，经济总量占全省的36.31%，为地区经济增长作出突出贡献。[①] 同时，对资源依赖性较强、生态破坏、环境污染、发展动力不足等问题严重阻碍着江西省资源型城市的可持续发展；有色金属、贵金属、稀土等矿产资源的开采、冶炼与加工制造增加了江西省资源型城市"三废"及二氧化硫排放量，对生态环境产生了显著的负面影响。[②] 在江西省发改委发布的2019年工作总结和2020年工作思路中指出，壮大绿色经济，全面推进老工业城市、资源型城市及独立工矿区产业转型升级，为江西省资源型城市进一步发展绿色经济、促进生态——经济协调发展指明了方向。

11.2　评价指标体系

依据构建指标体系的原则以及各指标的重要性，在数据可获取的基础

---

① 资料来源：《江西统计年鉴2019》。
② 资料来源：《中国矿业年鉴2018》。

上，参考不同学者的相关研究（江红莉等，2010；王维，2018），选取建成区绿化覆盖面积、园林绿地面积、工业废水排放量、工业固体废物产生量、工业二氧化硫排放量、工业烟尘排放量、工业固体废物综合利用率七项指标衡量生态子系统综合发展水平；选取地区生产总值、第三产业占GDP比重、一般公共预算收入、城镇居民人均可支配收入、农村居民人均纯收入、当年实际使用外资金额、固定资产投资增速七项指标衡量经济子系统综合发展水平，构建江西省资源型城市生态—经济复合系统协调发展的评价指标体系（见表11－1）。

表11－1　　江西省资源型城市生态—经济协调发展评价指标体系

目标层	指标层		指标类型	权重
	名称	单位		
生态子系统	建成区绿化覆盖面积	公顷	+	0.096
	园林绿地面积	公顷	+	0.110
	工业废水排放量	万吨	－	0.011
	工业固体废物产生量	万吨	－	0.036
	工业二氧化硫排放量	吨	－	0.010
	工业烟尘排放量	吨	－	0.043
	工业固体废物综合利用率	%	+	0.013
经济子系统	地区生产总值	亿元	+	0.100
	第三产业占GDP比重	%	+	0.060
	一般公共预算收入	亿元	+	0.109
	城镇居民人均可支配收入	元	+	0.089
	农村居民人均纯收入	元	+	0.080
	当年实际使用外资金额	万美元	+	0.152
	固定资产投资增速	%	+	0.092

资料来源：相关年份《江西统计年鉴》及《中国城市统计年鉴》。

11.3　结果与分析

11.3.1　子系统综合发展指数

从生态子系统综合发展指数来看，2009～2018年江西省各资源型城市生态子系统综合发展指数在 0.3 ~ 0.6 变化且均呈现小幅度波动性上升趋势，表明其生态环境不断改善，但发展速度相对较缓。其中，景德镇市呈现较高水平发展；赣州市生态子系统综合发展指数增速最快，生态发展水平显著提高，且呈现加速发展态势。2009 ~ 2015 年，赣州市在建设国家低碳试点城市、新能源示范城市方面取得初步成就。2015 年以后，赣州市在"着力构建我国南方地区重要的生态屏障，打造生态文明建设的'赣州样板'"的思想引领下，生态环境改善速度持续加快，到 2017 年超过景德镇市发展为江西省资源型城市之首；新余市、萍乡市、宜春市生态发展水平较低且总体趋势平缓，2016 年后出现较明显上升，三市的生态发展水平相近可能与其空间位置邻近有关。如图 11 - 1（a）所示，五个资源型城市生态环境质量在较高水平发展的同时均存在不同程度的下滑和波动趋势，说明其生态发展水平还不够稳定。

从经济子系统综合发展指数来看，2009 ~ 2018 年，江西省各资源型城市经济子系统综合发展指数在 0.1 ~ 0.55 变化且均呈现较明显的上升趋势，且各资源型城市上升速度基本相同，表明其人民生活水平不断提高，经济发展趋势向好。其中，赣州市人民生活水平始终处在江西省资源型城市首位；景德镇市经济子系统综合发展指数常年落后于其余四市；新余市、萍乡市、宜春市的人民生活水平相近，如图 11 - 1（b）所示。

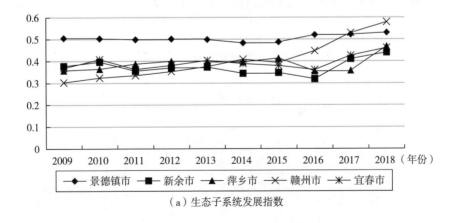

（a）生态子系统发展指数

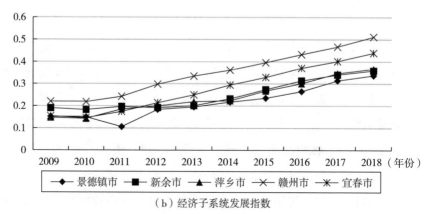

（b）经济子系统发展指数

图 11 –1 2009～2018 年江西省资源型城市生态、经济子系统综合发展指数
资料来源：相关年份《江西统计年鉴》及《中国城市统计年鉴》。

从各资源型城市生态—经济综合发展指数来看，2009～2018 年，江西省五个资源型城市生态子系统综合发展指数大体上均高于经济子系统综合发展指数，表明其生态环境水平总体上高于人民生活水平。景德镇市生态环境水平与人民生活水平差距最大；赣州市生态环境水平与人民生活水平差距最小。但总体来看，江西省五个资源型城市生态环境水平与人民生活水平的差距均呈现不断缩小的趋势，各资源型城市人民生活水平均有较为显著的提高，经济持续健康发展和构建生态友好型社会同步推进已成为江西省资源型城市发展的主流和风向标（见图 11 –2）。

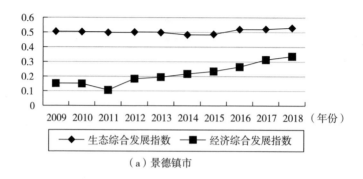

（a）景德镇市

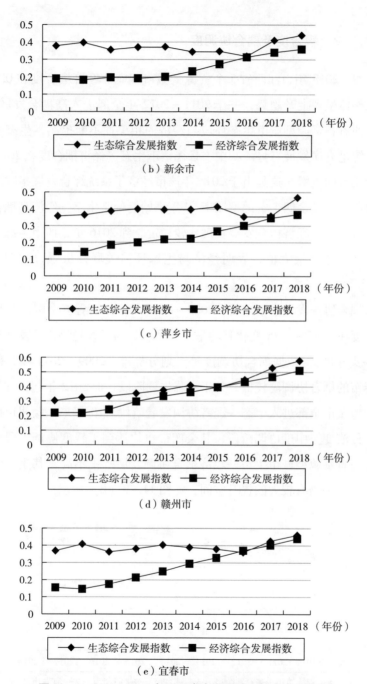

图 11 – 2　2009～2018 年江西省资源型城市综合发展指数

资料来源：相关年份《江西统计年鉴》及《中国城市统计年鉴》。

11.3.2 耦合度及耦合协调度

2009～2018 年，江西省 5 个资源型城市生态—经济耦合度在 0.75～1
变化且整体呈现上升趋势，并于 2011～2012 年全部进入高耦合发展阶段，
表明江西省各资源型城市生态环境与经济的相关性不断提高，生态—经济
复合系统呈有序发展态势。其中，景德镇市生态—经济耦合度在 2011 年存
在较为明显的下滑，这是由于 2011 年该市经济子系统综合发展指数的异常
波动引起的；其余四个资源型城市 10 年来始终处于生态—经济高耦合发展
阶段，且生态—经济耦合发展程度比较稳定。到 2016 年，四市生态—经济
耦合度几乎达到最大值，表明经济与生态环境关联性极强，如图 11 - 3
（a）所示。

从耦合协调发展水平来看，2009～2018 年，江西省五个资源型城市耦
合协调度在 0.47～0.75 变化且均呈现较为明显的上升趋势，且发展速度基
本"齐头并进"。依据耦合协调度等级划分标准，2009～2011 年，萍乡市
和宜春市的耦合协调度较低，处于濒临失调阶段，但 2012 年起，江西省五
个资源型城市全部进入生态—经济协调发展阶段。10 年来，赣州市由轻度
协调阶段演变至中度协调阶段，其余四市也均达到了轻度协调阶段，但总
体上江西省资源型城市生态—经济耦合协调发展水平不高，其生态和经济
协调发展水平仍有较大的提升空间，如图 11 - 3（b）所示。

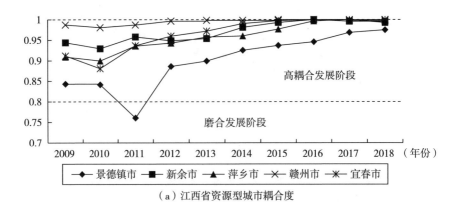

（a）江西省资源型城市耦合度

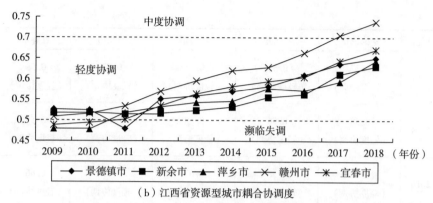

（b）江西省资源型城市耦合协调度

图 11－3 2009～2018 年江西省资源型城市耦合度及耦合协调度

资料来源：相关年份《江西统计年鉴》及《中国城市统计年鉴》。

利用自然间断点分级法将生态—经济耦合协调度划分为重度失调、轻度失调、濒临失调、轻度协调、中度协调、高度协调六类。通过计算可以得出，2009～2018 年，江西省资源型城市耦合协调度集中分布在濒临失调、轻度协调、中度协调三类，未达到高度协调水平，且江西省资源型城市在 2009～2018 年较长时间处于轻度协调水平，表明江西省资源型城市生态—经济协调发展程度仍存在较大提升空间（见表 11－2）。

表 11－2 　　　2009～2018 年江西省资源型城市耦合协调度

年份	景德镇市	新余市	萍乡市	赣州市	宜春市
2009	0.53 （轻度协调）	0.52 （轻度协调）	0.48 （濒临失调）	0.51 （轻度协调）	0.49 （濒临失调）
2010	0.52 （轻度协调）	0.52 （轻度协调）	0.48 （濒临失调）	0.52 （轻度协调）	0.49 （濒临失调）
2011	0.48 （濒临失调）	0.51 （轻度协调）	0.52 （轻度协调）	0.53 （轻度协调）	0.50 （轻度协调）
2012	0.55 （轻度协调）	0.52 （轻度协调）	0.53 （轻度协调）	0.57 （轻度协调）	0.53 （轻度协调）
2013	0.56 （轻度协调）	0.52 （轻度协调）	0.54 （轻度协调）	0.60 （轻度协调）	0.56 （轻度协调）

续表

年份	景德镇市	新余市	萍乡市	赣州市	宜春市
2014	0.57（轻度协调）	0.53（轻度协调）	0.55（轻度协调）	0.62（轻度协调）	0.58（轻度协调）
2015	0.58（轻度协调）	0.56（轻度协调）	0.58（轻度协调）	0.63（轻度协调）	0.59（轻度协调）
2016	0.61（轻度协调）	0.56（轻度协调）	0.57（轻度协调）	0.66（轻度协调）	0.60（轻度协调）
2017	0.64（轻度协调）	0.61（轻度协调）	0.59（轻度协调）	0.71（中度协调）	0.64（轻度协调）
2018	0.65（轻度协调）	0.63（轻度协调）	0.64（轻度协调）	0.74（中度协调）	0.67（轻度协调）

资料来源：相关年份《江西统计年鉴》及《中国城市统计年鉴》。

11.3.3 江西省资源型城市耦合协调度影响因素分析

11.3.3.1 变量选取与回归模型构建

面板数据分析方法是目前被地理学界广泛使用的一种统计分析方法，它能够有效克服时间序列受多重共线性的困扰，从而提供更为准确的信息和更高的估计效率。为了进一步对江西省资源型城市生态—经济协调发展提出合理对策，本章试图从社会、经济、人口、环保意识、科技创新等方面探究其对耦合协调度的影响，将耦合协调度作为被解释变量，记为 D；将人民生活水平、产业结构、环保水平、城镇化水平、开发强度、对外开放水平作为影响耦合协调度的控制变量，建立面板数据回归模型（见表 11-3），模型设定如下：

$$D = \alpha_0 + \alpha_1 \ln(PCGDP) + \alpha_2 \ln(IS) + \alpha_3 \ln(EP) + \alpha_4 \ln(UR) +$$
$$\alpha_5 \ln(DI) + \alpha_6 \ln(OL) + \varepsilon \qquad (11-1)$$

表 11 - 3　　　　　　　　　　　　　　　　**变量选取**

指标	变量	定义
人民生活水平	PCGDP	人均 GDP
产业结构	IS	第三产业占 GDP 比重
环保水平	EP	一般工业固体废物综合利用率
城镇化水平	UR	人口城镇化率
开发强度	DI	城市建设用地占市区面积比例
对外开放水平	OL	当年实际使用外资金额/GDP

11.3.3.2　模型设定检验

运用 EViews 软件对原始数据进行单位根检验、协整检验，确定数据不存在单位根，即数列平稳。建立面板数据的混合估计模型、固定效应模型。对混合估计模型和固定效应模型进行似然比（likelihood radio，LR）检验，检验值为 21.941804，$Prob = 0.0000$，故拒绝混合估计模型的原假设，选择固定效应模型分析江西省资源型城市生态—经济协调发展的影响因素。

11.3.3.3　估计结果分析

在综合考虑各项参数及检验结果之后，最终选择固定效应模型的估计结果进行实证分析（见表 11 - 4）。从回归系数来看，除环境保护未通过显著性检验外，各因素对江西省资源型城市耦合协调度的影响程度由大到小依次为：城镇化水平（6.29）、产业结构（3.56）、开发强度（-3.05）、对外开放水平（1.89）、人民生活水平（-1.86），具体来看有以下几个方面。

表 11 - 4　　　　　　　　　　　面板数据回归结果

被解释变量	耦合协调度(D)	
变量	混合估计模型	固定效应模型
PCGDP	-0.730447 (-3.18×10^{-7})	-1.864168^{*} (-8.20×10^{-7})
IS	11.63952^{***} (0.009983)	3.557001^{***} (0.003624)
EP	1.989114^{*} (0.000780)	0.796809 (0.000190)
UR	-1.086337 (-0.000944)	6.288565^{***} (0.010074)
DI	-2.401177^{**} (-0.002358)	-3.051293^{***} (-0.003410)
OL	-0.951066 (-0.004344)	1.886118^{*} (0.008705)
C	3.612857^{***} (0.237221)	-1.552737 (-0.102224)
参数联合检验	$Prob(F-statistic)=0.0000$	$Prob(F-statistic)=0.0000$
R^2	0.777012	0.931398

注：*、**、*** 分别表示在 10%、5%、1% 水平上显著。

资料来源：相关年份《江西统计年鉴》及《中国城市统计年鉴》。

　　第一，城镇化水平在 1% 的水平上与耦合协调度呈显著正相关，当年实际使用外资金额占 GDP 比重每提高 1%，耦合协调度上升 6.29%，表明随着江西省资源型城市城镇化水平的不断提高，城镇人口占总人口的比重不断增加、城镇居民点数目不断增加，更加频繁的劳动力流动有利于劳动力市场的充分竞争和劳动力资源的优化配置，从而促进地区经济发展。同时，城镇人口的增加使人们对生存环境的要求提高，当地对生态环境的重视程度、保护力度和支出强度也会相应增大，有利于提高地区生态环境水平。因此，城镇化水平的提高对地区生态—经济协调发展具有积极的促进作用。

　　第二，产业结构在 1% 的水平上与耦合协调度呈显著正相关，第三产业占 GDP 比重每提高 1%，耦合协调度上升 3.56%，表明随着江西省资源型城市产业结构的不断优化，新兴产业及第三产业在当地产业中占比不断增加，其对地区生产总值的贡献率也相应增加，一方面，有助于地区经济发展，对人民生活水平的提高具有促进作用；另一方面，新兴产业及第三产业的增加有助于降低资源型城市对资源的过度依赖，减轻资源型城市的生产性污染，有利于改善生态环境。因此，地区产业结构的优化有利于生态—经济协调发展。

　　第三，开发强度在 1% 的水平上与耦合协调度呈显著负相关，城市建设用地占市区面积比例每提高 1%，耦合协调度下降 3.05%，表明随着江西省资源型城市的开发，城市建设用地规模不断扩大，侵占了大量生态用地，造成地区生态环境在很大程度上遭到破坏，不利于地区生态—经济协调发展。

　　第四，对外开放水平在 10% 的水平上与耦合协调度呈显著正相关，对外开放水平每提高 10%，耦合协调度上升 1.89%，表明随着江西省资源型城市对外开放政策的深入推进，外商对本地区的投资不断增加，该地区实际利用外资金额不断增加，在促进本地经济发展的同时可以为生态环境建设提供更多资金支持，有利于经济和生态环境水平的同步提高，对地区生态—经济协调发展起到促进作用。

　　第五，人民生活水平在 10% 的水平下与耦合协调度呈显著负相关，人均 GDP 每提高 10%，耦合协调度下降 1.86%，表明江西省资源型城市在经济发展过程中，资源经济依赖问题依然存在，生态与经济协调发展水平有待进一步提升。继续维持资源经济发展方式，会阻碍生态—经济协调发展。

11.4　小结与建议

11.4.1　小结

本章通过构建生态—经济复合系统评价指标体系，运用耦合协调度模型分析江西省五个资源型城市 2009～2018 年生态子系统和经济子系统综合发展指数、生态—经济复合系统耦合度及耦合协调度的发展状况及变化趋势，并运用面板数据回归模型对江西省资源型城市生态—经济耦合协调度的影响因素进行探究。结果表明以下几个方面。

第一，江西省各资源型城市生态子系统和经济子系统综合发展指数均呈现不同程度的波动上升趋势，即生态环境与人民生活水平均在一定程度上有所提高，且江西省资源型城市人民生活水平提升速率高于生态水平。近 10 年来，虽然江西省资源型城市生态水平始终高于人民生活水平，但二者差距呈明显缩小趋势。

第二，江西省资源型城市生态—经济耦合度总体呈上升趋势，到 2012 年全部进入高耦合发展阶段，表明其生态与经济发展的相关性不断增强；生态—经济耦合协调度不断增长，赣州市达到中度协调水平，景德镇市、新余市、萍乡市、宜春市均达到轻度协调水平。2018 年之后的五年，江西省资源型城市生态—经济耦合协调发展态势良好，发展水平将进一步提高，但各资源型城市间生态—经济耦合协调度仍存在较明显的发展差距。

第三，根据面板数据回归结果，城镇化水平、产业结构、对外开放水平的提升对江西省资源型城市生态—经济耦合协调度具有显著的促进作用，人民生活水平和开发强度的提高则对生态—经济耦合协调度起阻碍作用，环境保护对生态—经济耦合协调度的影响作用不显著。

11.4.2　建议

通过对生态—经济综合发展指数、耦合度及耦合协调度发展趋势的分析可以看出，江西省资源型城市经济发展相对落后，且与生态环境水平存在较大差距。在今后的发展中，江西省应当以《关于支持资源枯竭城市转型和可持续发展工作的意见》为纲领，从城镇化建设、产业结构、对外开放、经济发展及地区开发等方面提高资源型城市生态—经济耦合协调发展水平。第一，持续推进地区城镇化建设，提高地区对外开放水平，在促进地区经济发展的同时兼顾生态环境建设与保护，对推动两系统同步发展提出更高要求，杜绝先污染后治理的错误发展道路；第二，不断优化产业结构，提高以服务业为主导的第三产业在地区产业中的比重，培育促进经济增长的新兴产业，降低地区发展对资源的过度依赖；第三，持续推动地区经济发展，提高地区经济发展质量，始终把经济建设放在首位；第四，减少或综合治理本地区污染严重的产业，加大生态环境保护投入，制定合理的地区生态环境政策以降低环境压力，在地区开发中严格遵守国土空间规划的"三区"（城镇空间、农业空间、生态空间）、"三线"（城镇开发边界、永久基本农田保护红线、生态保护红线），尤其要减少对生态空间的占用，促进地区生态环境发展。

第 12 章　湖北、湖南省资源型城市生态— 经济协调演化

12.1　研究区概况

　　湖北、湖南省位于中国中部，长江中游地区，总面积 39.5 万平方千米，约占全国的 4.2%。六个资源型城市总面积占地区的 17.7%，总人口占地区的 22.8%。2018 年，六个资源型城市经济总量占地区的 28.7%，是推动两省国民经济和社会发展的重要力量。[①] 作为重要的有色金属、非金属、能源矿产基地，湖北省、湖南省在全国乃至世界享有重要地位。其中，黄石市盛产高质量硅灰石，其品质居世界第二；衡阳市被誉为"世界铅都"，其钠长石储量居亚洲之首；郴州市是全球有名的"有色金属之乡"，钨、铋等矿产储量居全球之首。[②] 长期以来，两省资源型城市依托丰厚的自然资源条件发展经济，随之产生了生态破坏、环境恶化等问题，其矿产资源也面临枯竭。为了加大对资源型城市可持续发展的支持力度，两省人民政府相继出台了《湖北省人民政府关于促进资源枯竭城市可持续发展的实施意见》和《湖南省人民政府关于促进资源型城市可持续发展的实施意见》，对于探索符合实际的资源型城市转型道路、促进两省经济又好又快发展具有重要意义。

12.2　评价指标体系

　　依据构建指标体系的原则以及各指标的重要性，在数据可获取的基础

---

① 资料来源：《湖北统计年鉴 2018》《湖南统计年鉴 2018》。
② 资料来源：《中国矿产年鉴 2018》。

上，参考相关研究成果（彭丽筑等，2020；唐大平等，2014），选取建成区绿化覆盖率、工业废水排放总量、生活垃圾无害化处理率、工业固体废物综合利用率、工业二氧化硫排放量五项指标衡量生态子系统综合发展水平；选取第二产业占 GDP 比重、固定资产投资总额、当年实际使用外资金额、农村居民人均纯收入、城镇居民人均可支配收入五项指标衡量经济子系统综合发展水平，构建湖北、湖南省生态—经济复合系统协调发展的评价指标体系（见表 12 – 1）。

表 12 – 1 　　湖北、湖南省资源型城市生态—经济协调发展评价指标体系

目标层	指标层		功效性	权重
	名称	单位		
生态子系统	建成区绿化覆盖率	%	+	0.107
	工业废水排放总量	吨	–	0.137
	生活垃圾无害化处理率	%	+	0.118
	工业固体废物综合利用率	%	+	0.277
	工业二氧化硫排放量	吨	–	0.361
经济子系统	第二产业占 GDP 比重	%	+	0.150
	固定资产投资总额	万元	+	0.199
	当年实际使用外资金额	万美元	+	0.317
	农村居民人均纯收入	万元	+	0.188
	城镇居民人均可支配收入	万元	+	0.146

资料来源：相关年份《湖北统计年鉴》《湖南统计年鉴》及《中国城市统计年鉴》。

12.3　结果与分析

12.3.1　子系统综合发展指数

从生态子系统综合发展指数来看，2008～2017 年，湖北、湖南省资源型城市生态子系统综合发展指数在 0.25～0.9 变化且均呈波动上升趋势，表明其生态环境有所改善，呈向好发展态势，但生态环境质量不稳定。具体来看，鄂州市生态子系统始终保持较高的发展水平且波动较小，湖北、

湖南省资源型城市之间差距有所减小。从经济子系统综合发展指数来看，2008~2017年，湖北、湖南省资源型城市经济子系统综合发展指数在0~0.9变化且均呈上升趋势，表明其人民生活水平呈向好发展态势。其中，邵阳市、郴州市的经济子系统综合发展指数持续上升，黄石市、鄂州市、衡阳市、娄底市的经济子系统综合发展指数在2014年均出现不同程度的下降，之后呈现向好发展态势（见图12-1）。

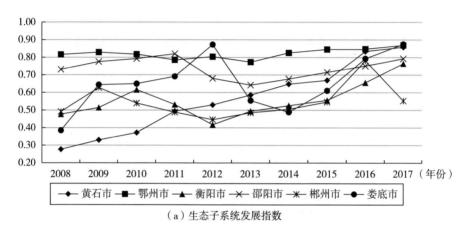

（a）生态子系统发展指数

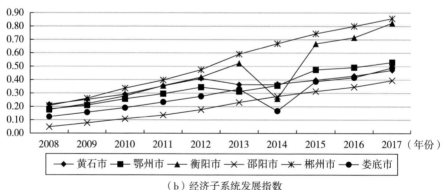

（b）经济子系统发展指数

图 12 -1　湖北、湖南省资源型城市生态、经济子系统综合发展指数

资料来源：相关年份《湖北统计年鉴》《湖南统计年鉴》及《中国城市统计年鉴》。

　　从各资源型城市生态与经济综合发展指数的变化情况来看，2008~2017年，黄石市、鄂州市、邵阳市、娄底市生态系统综合发展指数均高于经济子系统综合发展指数，表明其生态环境水平高于人民生活水平市；衡阳市、郴州市生态系统综合发展指数在 2012 年后逐渐落后于经济系统综合发展水平，表明其人民生活水平逐步高于生态环境水平。从生态子系统与经济子系统发展差距上看，黄石市生态与经济子系统的差距逐渐拉大；其余五市的生态与经济子系统差距逐渐缩小（见图 12 - 2）。

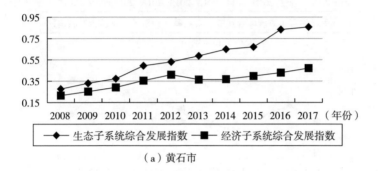

（a）黄石市

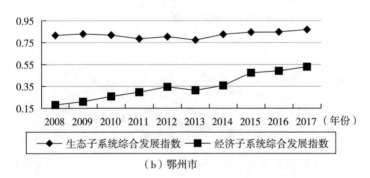

（b）鄂州市

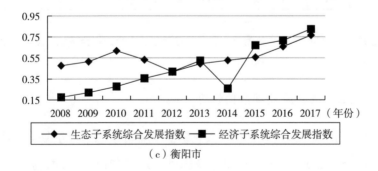

（c）衡阳市

133

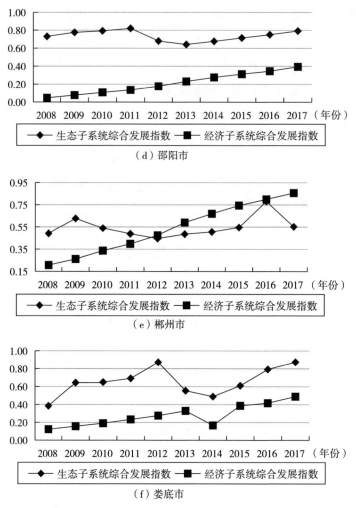

（d）邵阳市

（e）郴州市

（f）娄底市

图 12 - 2　2008 ~ 2017 年湖北、湖南省资源型城市生态—经济综合发展指数
资料来源：相关年份《湖北统计年鉴》《湖南统计年鉴》及《中国城市统计年鉴》。

12.3.2　耦合度及耦合协调度

2008 ~ 2017 年，湖北省、湖南省资源型城市生态与经济复合系统的耦合度在 0.45 ~ 1.0 变化且呈波动上升趋势，并于 2012 年后均达到高耦合发展阶段，表明各资源型城市生态环境与经济发展的相关性均不断提升，复合系统向有序方向发展。具体来看，邵阳市变化幅度最大，由颉颃发展阶段演化为高耦合发展阶段；鄂州市由磨合发展阶段演化为高耦合发展阶段；黄石市、衡阳市、郴州市、娄底市则始终维持在高耦合发展阶段（见图12-3）。

2008～2017年，湖北省、湖南省资源型城市生态与经济系统耦合协调度在0.4～0.9变化且呈波动上升趋势，总体上向良性协调方向发展，大致经历了濒临失调、轻度协调、中度协调、高度协调四个阶段。具体来看，黄石市和娄底市从濒临失调水平上升为高度协调水平，邵阳市从濒临失调水平上升为中度协调水平，鄂州市、郴州市和衡阳市从轻度协调水平上升为高度协调水平（见图12-3）。

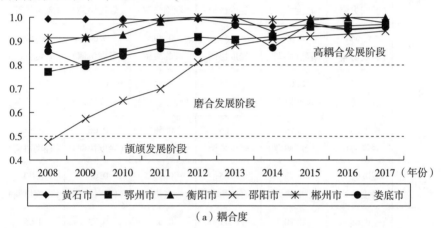

（a）耦合度

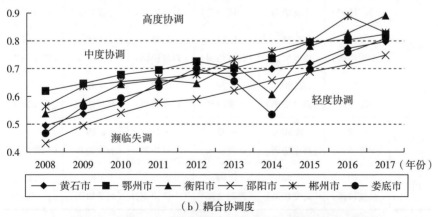

（b）耦合协调度

图12-3 湖北、湖南省资源型城市耦合度及耦合协调度

资料来源：相关年份《湖北统计年鉴》《湖南统计年鉴》及《中国城市统计年鉴》。

利用自然间断点分级法将区域耦合协调度划分为重度失调、轻度失调、濒临失调、轻度协调、中度协调、高度协调六类。通过计算可以得出，2008～2017年，湖北、湖南省资源型城市耦合协调度集中分布在濒临失调、轻度协调、中度协调、高度协调四类。到2017年，除邵阳市均达到高度协调水平（见表12－2）。

表12－2   2008～2017年湖北、湖南省资源型城市耦合协调度

年份	黄石市	鄂州市	衡阳市	邵阳市	郴州市	娄底市
2008	0.49 （濒临失调）	0.62 （轻度协调）	0.54 （轻度协调）	0.43 （濒临失调）	0.56 （轻度协调）	0.47 （濒临失调）
2009	0.54 （轻度协调）	0.65 轻度协调	0.58 轻度协调	0.49 （濒临失调）	0.64 （轻度协调）	0.56 （轻度协调）
2010	0.57 （轻度协调）	0.68 （轻度协调）	0.64 （轻度协调）	0.54 （轻度协调）	0.65 （轻度协调）	0.59 （轻度协调）
2011	0.65 （轻度协调）	0.69 （轻度协调）	0.66 （轻度协调）	0.58 （轻度协调）	0.66 （轻度协调）	0.63 （轻度协调）
2012	0.68 （轻度协调）	0.73 （中度协调）	0.65 （轻度协调）	0.59 （轻度协调）	0.68 （轻度协调）	0.70 （中度协调）
2013	0.68 （轻度协调）	0.70 （中度协调）	0.71 （中度协调）	0.62 （轻度协调）	0.73 （中度协调）	0.65 （轻度协调）
2014	0.70 （中度协调）	0.74 （中度协调）	0.61 （轻度协调）	0.66 （轻度协调）	0.76 （中度协调）	0.54 （轻度协调）
2015	0.72 （中度协调）	0.80 （高度协调）	0.78 （中度协调）	0.69 （轻度协调）	0.80 （高度协调）	0.70 （中度协调）
2016	0.77 （中度协调）	0.80 （高度协调）	0.83 （高度协调）	0.71 （中度协调）	0.89 （高度协调）	0.76 （中度协调）
2017	0.80 （高度协调）	0.82 （高度协调）	0.89 （高度协调）	0.75 （中度协调）	0.83 （高度协调）	0.81 （高度协调）

资料来源：相关年份《湖北统计年鉴》《湖南统计年鉴》及《中国城市统计年鉴》。

12.3.3　湖北、湖南省资源型城市耦合协调度影响因素

12.3.3.1　变量选取与回归模型构建

为了更好地解释湖北、湖南省资源型城市生态与经济耦合协调度的影响因素，以期为今后制定发展战略提供科学的决策依据，采用面板数据回归模型检验耦合协调度的影响因素。本章试图从社会、经济、人口、创新能力等方面探究其对耦合协调的影响，以湖北、湖南省资源型城市耦合协调度作为被解释变量，记为 D；将城镇化水平、人民生活水平、产业结构、投资规模、科技创新作为影响耦合协调的控制变量，建立面板数据回归模型（见表 12 - 3）。模型设定如下：

$$D = \alpha_0 + \alpha_1 \ln(UR) + \alpha_2 \ln(PCGDP) + \alpha_3 \ln(IS) + \alpha_4 \ln(IN) + $$
$$\alpha_5 \ln(RD) + \varepsilon \qquad (12 - 1)$$

表 12 - 3　　　　　　　　　　变量选取

指标	变量	定义
城镇化水平	UR	人口城镇化率
人民生活水平	$PCGDP$	人均 GDP
产业结构	IS	第三产业占 GDP 比重
投资规模	IN	固定资产投资总额
科技创新	RD	人均 R&D 支出

12.3.3.2　模型设定检验

利用 EViews 软件分别建立基于面板数据的混合估计模型、固定效应模型和随机效应模型。混合估计模型默认不同个体和截面之间不存在显著性差异，R^2 检验值为 0.84，模型可成立。利用 LR 检验选择建立混合估计模型，还是固定效应模型。其中，$Prob = 0.0000$，结果拒绝原假设，因此建立固定效应模型。利用豪斯曼统计量检验，P 值是 0.0000，结果拒绝原假设。且随机效应 R^2 检验值为 0.84，小于固定效应 R^2 值 0.92，表明应选择固定效应模型对湖北、湖南省资源型城市耦合协调度影响因素进行分析。

12.3.3.3　估计结果分析

在综合考虑各参数和检验结果后，选取固定效应模型的估计结果进行实证分析（见表 12-4）。从回归系数来看，除产业结构和科技创新未通过显著性检验外，各因素对湖北、湖南省资源型城市耦合协调度的影响程度由大到小分别为：城镇化水平（0.92）、人民生活水平（0.16）、投资规模（0.06），具体来看有以下几个方面。

第一，城镇化水平在 5% 的水平上与耦合协调度显著正相关，人口城镇化率每提高 5%，耦合协调度提高 0.92%，表明城镇化水平是影响资源型城市协调发展的重要因素。随着城镇化水平的不断提高，城镇人口占总人口的比重不断增加，当地政府对生态环境的重视程度、保护力度和支出强度也随之不断增大，对两省资源型城市生态与经济协调发展具有积极的促进作用。同时，新型城镇化是生态文明的发展目标，坚持以人为本、集约、和谐、可持续发展，发展循环经济和循环节约型社会，有利于资源型城市生态与经济协调发展。

第二，人民生活水平在 1% 的水平上与耦合协调度显著正相关，人均 GDP 每提高 1%，耦合协调度将增长 0.16%，表明人民生活水平是影响资源型城市协调发展的重要因素。人民生活水平是生态文明建设的基本保障，随着人民生活水平的提高，人们对生活环境与生态质量有了更高的要求，对生态环境保护的意识与能力也相应增强，有利于促进资源型城市生态与经济协调发展。

第三，投资规模在 1% 的水平上与耦合协调度显著正相关，固定资产投资总额每提高 1%，耦合协调度提高 0.06%，表明投资规模是影响资源型城市协调发展的重要因素。随着固定资产投资总额的增加，越来越多的资金通过政策引导，流向新兴产业、高新技术产业，推动经济高质量、绿色发展；原有资源依赖型产业利用投资积极更新技术，延长产品产业链，促进产业集群化发展，逐步淘汰落后产能与生产技术，有利于资源型城市生态与经济协调发展。

表 12 - 4　　　　　　　　　　面板数据回归结果

被解释变量	耦合协调度（D）		
	混合估计模型	固定效应模型	随机效应模型
UR	-0.548191 ** (-2.464698)	0.922094 ** (2.312277)	-0.548191 *** (-3.241965)
PCGDP	-0.288054 *** (5.642878)	0.162574 *** (2.710480)	0.288054 *** (7.422415)
IS	-0.133641 (-0.605270)	-0.254581 (1.497727)	-0.133641 (-0.796148)
IN	0.068636 *** (6.743574)	0.056678 *** (5.566584)	0.068636 *** (8.870225)
RD	0.0006330 (0.356066)	0.005227 (0.318409)	0.0006330 (0.468355)
C	-3.570961 *** (-8.684964)	-2.909519 *** (-6.629112)	-3.570961 *** (-11.42385)
参数联合检验	$Prob(F-statistic)=0.0000$	$Prob(F-statistic)=0.0000$	$Prob(F-statistic)=0.0000$
R^2	0.839648	0.915902	0.839648

注：*、** 和 *** 分别表示在 10%、5% 和 1% 水平上显著。

资料来源：相关年份《湖北统计年鉴》《湖南统计年鉴》及《中国城市统计年鉴》。

12.4　小结与建议

12.4.1　小结

本书基于耦合协调度及面板数据回归，定量测算了 2008～2017 年湖北、湖南省资源型城市生态与经济系统耦合协调水平及其影响因素，研究结果表明：湖北、湖南省资源型城市生态与经济子系统综合发展水平在整体上升过程中相互作用逐渐增强，生态与经济两者发展有机结合，形成了相互协调发展的态势，可持续发展能力增强。从面板数据回归结果看，城镇化水平、人民生活水平、投资规模对湖北省、湖南省资源型城市耦合协调度起显著的促进作用。

12.4.2　建议

生态文明建设是我国今后发展的重要方向、重大领域和重大任务，其中环境保护与治理是生态文明建设的关键所在。面对生态保护与经济发展的双重压力，湖北省、湖南资源型城市在发展过程中要妥善处理好生态环境保护与社会经济发展之间的关系，以《湖北省人民政府关于促进资源枯竭城市可持续发展的实施意见》和《湖南省人民政府关于促进资源型城市可持续发展的实施意见》为纲领，从以下三个方面为两省资源型城市协调发展提出建议。

第一，加快转变经济发展方式，促进产业结构优化升级，实现经济由高速发展向高质量发展转变。对传统的资源依赖型产业，走资源经济集约、高效利用之路。积极培育新动能，紧跟新基建、新能源、大数据等国家发展步伐，延伸产业链，布局制造业产业集群，提升产品竞争力；加快改造旧动能，通过对高耗能、高污染的产业进行技术更新，从而减轻对环境的破坏程度。

第二，以"两山论"为指引，落实山水林田湖草生态保护修复工程，加大环境保护支出力度和生态环境污染治理力度，严格控制工业"三废"等污染物的排放量，并出台专项政策措施予以限制；完善城市生活垃圾等处理设施，改善城市空气质量；加大对生态环境保护的宣传力度，并出台相应的奖惩措施，提高公民节约用水、用电、垃圾分类等的节能环保意识。

第三，不断推进新型城镇化建设，科学规划城市住宅小区空间布局，引导人口城镇化向合理方向发展，避免区域内人口密度过大造成土地和水等资源的承载力不堪重负；不断推进循环经济发展步伐，加强节能节水、资源综合利用、再生资源回收利用等，走可持续发展道路。

第三篇

中部六省资源型城市产业结构演变研究

第13章 产业结构演变研究方法

13.1 动态偏离—份额分析法

动态偏离—份额模型最早由蒂尔沃尔（Thirlwall）提出，该模型是对传统偏离—份额模型的进一步改善，消除了传统模型在时间上的处理问题。动态偏离—份额模型把区域 j 所经历的时间段 $[0, t]$ 内以 1 年为单位进行计算，以发现 N_j、P_j、D_j 的动态变化（潘雄锋等，2008）。

设某一区域 j 行业的基期产值为 e_{j0}，经济总量为 e_0（$j=1, 2, \cdots, n$）。t 年后，j 行业的产值为 e_{jt}，经济总量为 e_t。上级区域 j 行业的基期产值为 E_{j0}，经济总量为 E_0；t 年后，j 行业的产值为 E_{jt}，经济总量 E_t。则该区域和上级区域 j 行业在 $[0, t]$ 时间段内的变化率分别为：

$$r_j = \frac{e_{jt} - e_{j0}}{e_{j0}} \tag{13-1}$$

$$R_j = \frac{E_{jt} - E_{j0}}{E_{j0}} \tag{13-2}$$

为排除区域增长速度与上级区域增长速度之间的差异，按照上级区域各个行业所占的份额，将区域各产业部门标准化：

$$e'_j = \frac{e_0 \times E_{j0}}{E_0} \tag{13-3}$$

则该区域 j 部门的经济增长量 G_j 分解为份额分量 N_j、结构偏离分量 P_j、区域竞争力偏离分量 D_j：

$$G_j = N_j + P_j + D_j \tag{13-4}$$

其中，结构偏离分量 P_j 为：

$$P_j = (e_{j0} - e'_j) \times R_j \qquad (13-5)$$

13.2　产业结构熵

用产业结构熵描述产业结构系统演进的状态，公式为：

$$H = -\sum_{n=1}^{n} P_i \times \ln P_i \qquad (13-6)$$

式（13-6）中，H 表示产业结构熵，n 表示产业的个数，P_i 表示 i 产业的产值在该地区所有 n 个产业产值中所占比重。H 越大表示产业结构越无序、离散和多样（刘保民等，2008）。

第 14 章 中部六省产业结构演变研究

14.1 研究区概况

2019 年 5 月，习近平总书记在推动中部地区崛起工作座谈会中强调："做好中部地区崛起工作，对实现全面建成小康社会奋斗目标、开启我国社会主义现代化建设新征程具有十分重要的意义"。① 近年来，中部地区已逐步具备承接东部地区产业转移的能力与向西部地区辐射带动的能力，在我国经济发展中占据承东启西的重要地位（董锁成，2019）。自 2004 年政府工作报告明确提出"促进中部地区崛起"之后，中央政府逐步加大对中部地区的关注和支持力度。2006 年，为改变"中部塌陷"的局面（周绍森，2003），国家发展和改革委员会出台了《关于促进中部地区崛起的若干意见》。经过十多年的发展，中部地区正逐步摆脱"塌陷"状态，自 2008 年起，中部地区经济增长速度超过东部地区，迄今一直保持着这个状态（范恒山，2018），但人均 GDP、城乡居民人均收入等仍与全国平均水平存在差距。为适应我国经济发展新常态的要求，更好地促进中部地区全方位崛起，2016 年国家发改委制定颁发了《促进中部地区崛起"十三五"规划》（以下简称《规划》），成为中部地区发展的重要指引与有力支撑。《规划》从战略定位、重点任务等不同角度多次提及产业结构，"现代农业发展核心区""全国重要先进制造业中心""建设现代产业新体系"等都

---

① 推动中部地区崛起再上新台阶 [N]. 人民日报，2019 – 5 – 23.

表明产业结构优化对于中部地区崛起具有重要意义。近年来，中部地区经济规模大幅提升，2017 年 GDP 总量占全国 GDP 总量的 21.34%，比 2000 年提高 1.6%。然而，经济发展质量和东部沿海地区相比仍有一定差距，主要表现为污染型工业占比较大、高技术产业发展相对迟缓、产业结构不合理、区域内部差异大等问题。其对中部地区经济可持续发展的制约日益凸显。因此，如何进一步优化产业结构是中部地区亟待解决的重要问题。

14.2 产业结构素质演变实证研究

14.2.1 第一产业结构素质演变

2000～2019 年，中部六省第一产业结构偏离分量波动范围集中在 −50～200，根据其变化趋势，可将中部六省分为两种类型：第一类为河南省、安徽省、江西省、湖北省、湖南省五省，其第一产业结构偏离分量位于水平轴上方，第一产业结构素质高于全国平均水平，表明五省第一产业在全国具有一定的优势。其中，2000～2011 年，五省第一产业结构偏离分量呈波动上升态势，第一产业发展态势良好，在全国的优势地位逐渐凸显；2011～2018 年，五省第一产业结构偏离分量呈波动下降态势并由正转负，第一产业发展势头减缓，逐渐丧失在全国的优势地位；2018～2019 年，五省第一产业结构偏离分量有所回升，第一产业优势再次凸显。至 2019 年末，河南省第一产业结构偏离分量在中部六省中位于首位，第一产业结构素质相对优势明显。第二类为山西省，其第一产业结构偏离分量位于坐标轴下方，第一产业结构素质低于全国平均水平，表明山西省第一产业在全国处于劣势地位。其中，2000～2011 年，山西省第一产业结构偏离分量呈波动下降态势，第一产业在全国的劣势地位凸显；2011～2018 年，山西省第一产业结构偏离分量有所回升，且在 2018 年由负转正，第一产业在全国的优势地位逐渐显现；2018～2019 年，山西省第一产业结构偏离分量再次下降并降至水平轴之下，第一产业在全国的优势地位再次消失（见图 14 −1）。

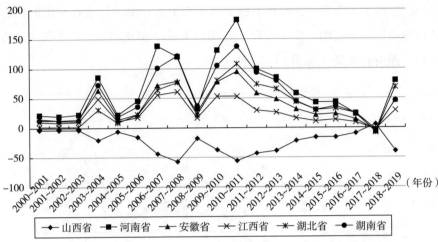

图 14 - 1 2000 ~ 2019 年中部六省第一产业结构偏离分量动态变化
资料来源：相关年份《中国统计年鉴》及各省份统计年鉴。

中部六省基于良好的自然条件、悠久的种植历史、较为丰富的农业资源，其农业发展在全国具有一定的优势，生态农业、绿色农业以及优质农产品生产加工业发展速度均较快（曹焕俊，2010）。2018 年，中部六省第一产业增加值占比为24%，从业人员数占比为38%，中部地区第一产业劳动力滞留较多，第一产业劳动生产率与经济效益匹配程度较低（姚鹏等，2019）。因此，2017 ~ 2018 年，除山西省外，中部六省整体第一产业结构素质较差，低于全国平均水平。

14.2.2 第二产业结构素质演变

2000 ~ 2019 年，中部六省第二产业结构偏离分量波动范围集中在 - 100 ~ 500，其总体呈波动上升趋势。根据其变化幅度的大小，大致可分为两个阶段：2000 ~ 2009 年，六省第二产业结构偏离分量均呈小幅度波动上升态势。其中，山西省、河南省、江西省第二产业结构偏离分量位于水平轴上方，第二产业在全国的优势地位逐渐凸显；安徽省、湖北省、湖南省第二产业结构偏离分量位于水平轴下方，第二产业结构素质虽有所好转但仍在全国处于劣势。2009 ~ 2019 年，中部六省第二产业结构偏离分量呈

大幅度波动上升态势，且整体上位于水平轴上方，第二产业在全国的优势
地位得到进一步巩固。整体来看，至 2019 年末，河南省第二产业结构素质
最高，湖南省最低（见图 14 - 2）。

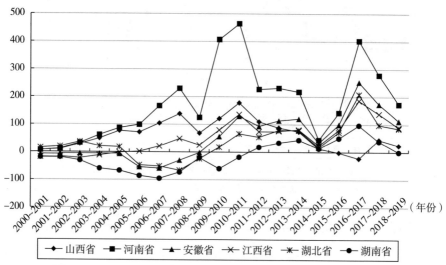

图 14 - 2　2000 ~ 2019 年中部六省第二产业结构偏离分量动态变化
资料来源：相关年份《中国统计年鉴》及各省份统计年鉴。

中部六省是我国重要的能源生产和输出基地，煤炭资源和水能资源等
自然资源优势显著。其中，山西省和河南省为煤炭、焦炭调出大省，2019
年，煤炭在其能源消费结构中占比分别高达 86%、67.4%。煤炭行业成为
带动工业发展的主要部门，并且其在全国的优势显著。中部六省目前正处
于快速城市化与快速工业化发展时期，城市人口剧增，城市用地扩大，工
业结构优化升级，是中部六省现阶段及未来发展的基本特征（吴彼爱等，
2010）。因此，中部六省第二产业结构素质较好并高于全国平均水平。

14.2.3　第三产业结构素质演变

2000 ~ 2019 年，中部六省第三产业结构偏离分量波动范围集中在
- 700 ~ 100，且各省差距逐渐拉大，整体位于水平轴下方，第三产业结构
素质低于全国平均水平，表明中部六省第三产业在全国处于劣势地位。其

中，山西省较为特殊：2000～2012 年，第三产业结构偏离分量呈波动下降
态势，第三产业全国处于劣势地位；2012～2019 年，第三产业结构偏离分
量呈波动上升态势且在 2015 年后由负转正，第三产业结构素质稍高于全国
平均水平，第三产业发展势头明显，逐渐在全国占据优势地位。其余五省
的变化趋势大体可分为三个阶段：2000～2006 年，第三产业结构偏离分量
基本稳定，产业结构素质水平基本不变；2006～2018 年，第三产业结构偏
离分量呈波动下降态势，第三产业在全国的劣势地位更加凸显；2018～
2019 年，第三产业结构偏离分量开始回升，第三产业结构素质有所优化，
但其仍在全国处于劣势地位（见图 14－3）。

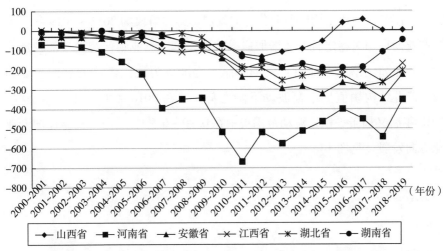

图 14－3　2000～2019 年中部六省第三产业结构偏离分量动态变化
资料来源：相关年份《中国统计年鉴》及各省份统计年鉴。

　　21 世纪以来，中部地区第三产业虽得到快速发展，但与全国平均水平
相比仍有较大差距。2019 年，中部地区第三产业增加值占生产总值比重均
值为 50.0%，低于全国平均水平 3.9 个百分点。且在中部地区第三产业发
展部门中，传统部门占据主导地位，新兴产业部门发展不足，如金融保
险、房地产、教育、文化、科研服务等新兴部门发展速度较慢，产业带动
力不强，未充分发挥先导作用（石亚四，2007）。山西省自 2011 年以来，

第三产业从业人员稳步大幅增长，为第三产业的发展提供了大量人力资源支持。同时，其城镇人口数的增长，促进了各服务行业的消费需求（田园，2019），使得山西省第三产业得以发展，第三产业结构素质明显增强。

14.3　产业结构演变影响因素分析

中部六省产业结构演变可划分为两个阶段，其与基于动态偏离—份额分析法的三次产业结构素质演变趋势相似。第一阶段为 2000～2011 年，三次产业产值均平稳增加，第二产业、第三产业发展较为明显，与第一产业的差距逐渐拉大。产业结构熵值呈大幅波动下降态势，波动范围集中在 0.98～1.07，产业结构向专业化方向发展。第二阶段为 2011～2019 年，第二产业发展相对稳定且产业增加速率减慢，第三产业则保持较快的发展速度，甚至超越第二产业对经济的贡献，逐渐成为地区经济发展的主要力量。产业结构熵值呈小幅波动下降态势，但在 2016～2018 年发生骤降，2018 年后又趋于平稳，波动范围集中在 0.90～0.99，产业结构整体向专业化方向发展（见图 14-4）。

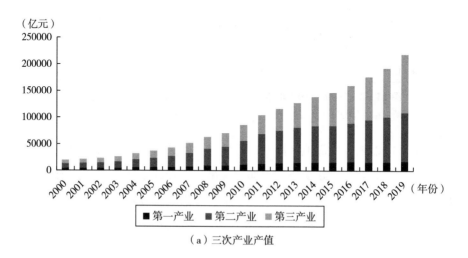

（a）三次产业产值

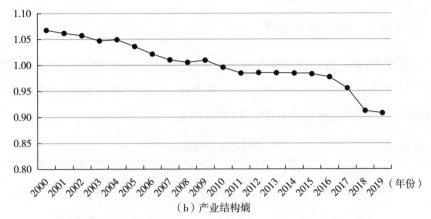

（b）产业结构熵

图 14－4　2000～2019 年中部六省三次产业产值及产业结构熵

资料来源：相关年份《中国统计年鉴》及各省份统计年鉴。

14.3.1　变量选取

产业结构演变状态受到多种因素影响，本书参考已有研究（薛选登，2014；张雪莲，2021），并结合资源型城市产业结构发展的实际情况，试图从人口、经济、社会、科技创新等方面探究其对产业结构演变的影响。将产业结构熵作为被解释变量，记为 H；将城镇化率、消费水平、政府干预、社会投资、外贸规模、外资规模、科技创新作为影响产业结构熵的控制变量，建立面板数据回归模型（见表 14－1）。模型设定如下：

$$H = \alpha_0 + \alpha_1 \ln(UR) + \alpha_2 \ln(CPI) + \alpha_3 \ln(GOV) + \alpha_4 \ln(IN) +$$
$$\alpha_5 \ln(TRADE) + \alpha_6 \ln(FDI) + \alpha_7 \ln(RD) + \varepsilon \qquad (14-1)$$

表 14－1　　　　　　　　　　　　　　变量选取

指标	变量	定义
城镇化率	UR	城镇人口/总人口
消费水平	CPI	居民消费水平
政府干预	GOV	政府财政支出总额/GDP
社会投资	IN	全社会固定资产投资额/GDP
外贸规模	TRADE	当年美元与人民币中间价折算的进出口总额/GDP
外资规模	FDI	当年美元与人民币中间价折算的实际利用外资/GDP
科技创新	RD	国内专利申请授权数

14.3.2　模型设定检验

利用 EViews 软件分别建立基于面板数据的混合估计模型、固定效应模型，结果如表 14 - 2 所示。混合估计模型默认不同个体和截面之间不存在显著性差异，R^2 检验值为 0.55，模型可成立。

表 14 - 2　　　　　　　　　　面板数据回归结果

被解释变量 模型设定	产业结构熵(H)	
	混合估计模型	固定效应模型
UR	- 0.553425 *** (- 5.231058)	- 0.223244 *** (- 4.817363)
CPI	0.169444 ** (2.011329)	0.072268 *** (3.051664)
GOV	- 0.327739 *** (- 6.166935)	- 0.031158 ** (- 1.827933)
IN	0.136961 *** (3.192053)	0.036768 *** (2.639692)
TRADE	0.1223 *** (4.457072)	- 0.015318 ** (- 2.005243)
FDI	- 0.014746 (- 0.496483)	- 0.016768 (- 1.566383)
RD	0.104634 *** (5.649924)	0.003592 (0.657894)
C	0.100782 (0.192393)	0.566437 *** (4.227133)
参数联合检验	$Prob(F - stat) = 0.0000$	$Prob(F - stat) = 0.0000$
R^2	0.552465	0.980218

注：*、** 和 *** 分别表示在10%、5%和1%水平上显著。
资料来源：相关年份各省份统计年鉴。

利用 F 统计量检验选择建立混合回归模型还是固定效应回归模型。经计算，$F = 410.85 > F_{0.01}$，推翻原假设，建立固定效应模型。

14.3.3　估计结果分析

在综合考虑各参数和检验结果后，选取固定效应模型的估计结果为基础进行实证分析（见表 14－2）。从回归系数来看，除外资规模和科技创新未通过显著性检验外，其余各因素对中部六省产业结构专业化的影响程度由大到小分别为：城镇化率（－0.223）、消费水平（0.072）、社会投资（0.036）、政府干预（－0.031）、外贸规模（－0.015）。从影响因素显著性的作用看，一类是城镇化率、政府干预、外贸规模，与产业结构专业化显著负相关；另一类是消费水平、社会投资，与产业结构专业化显著正相关。具体来看有以下几个方面。

第一，城镇化率在 1% 的水平上与产业结构熵呈显著负相关，城镇化率每提高 1%，产业结构专业化水平提升 0.223%。随着中部六省城镇化水平的不断提高，大量农村剩余劳动力和高素质人才转移到城市，尤其是转移到第二、第三产业上，为地区第二、第三产业特别是第三产业的发展注入了活力，促进了以服务业为主的第三产业的发展，从而进一步提升了产业结构专业化水平。

第二，消费水平在 1% 的水平上与产业结构熵呈显著正相关，消费水平每提高 1%，产业结构多样化水平提升 0.072%。随着中部六省人民生活水平的不断提高，居民收入水平总体呈现稳步增长态势，居民消费观念、消费结构随之发生了改变，由以"住""行"为主要消费特征的基本消费型结构升级为医疗、教育、文娱等服务业并重的享受型结构，推动了地区产业结构多样化发展。

第三，社会投资在 1% 的水平上与产业结构熵呈显著正相关，社会投资每提高 1%，产业结构多样化水平提升 0.036%。社会固定资产投资是社会固定资产再生产的主要手段，社会固定资产投资的增加有利于新型部门的建立和先进技术、装备、管理等的升级，从而推动地区产业结构多样化发展。

第四，政府干预在5%的水平上与产业结构熵呈显著负相关，政府干预每提高1%，产业结构专业化水平提升0.031%。布什曼等（Bushman，2004）研究认为，从全球视角来看，政府通过不同手段干预市场，从而对市场发展进程产生影响。政府干预行为由于受政治关联、意识形态和政治声誉的影响，使得高成长性行业因资金短缺而"举步维艰"，低成长性行业因金融资金支持而在衰退中"徘徊"，只有部分资金运用和投资效率相对低下的行业受到政府的青睐（孙美霞，2020），固化了三次产业的发展方向，阻碍了产业结构的多样化发展。

第五，外贸规模在5%的水平上与产业结构熵呈显著负相关，外贸规模每提高5%，产业结构专业化水平提升0.015%。外商投资更多看中的是中部六省的能源、资源，投资多倾向于第二产业，尤其是工业部门，对第三产业的投资比重偏低，加剧了产业结构发展的专业化水平。

14.4 小结与建议

14.4.1 小结

运用动态偏离—份额分析法、产业结构熵、面板数据回归模型对2000～2019年中部六省社会经济发展过程中产业结构演变及影响因素进行研究，得出以下两点结论。

第一，从三次产业结构发展水平上看，除山西省外，中部六省第一产业结构偏离分量整体位于水平轴上方，第一产业结构素质高于全国平均水平；除安徽省、湖南省、湖北省个别时间段外，中部六省第二产业结构偏离分量整体位于水平轴上方，第二产业结构素质高于全国平均水平；中部六省第三产业结构偏离分量整体位于水平轴下方，第三产业结构素质低于平均水平。

第二，中部六省产业结构整体趋向专业化方向发展。分析其影响因素可以发现：城镇化率、政府干预和外贸规模的提高，对中部六省产业结构专业化发展影响显著；消费水平和社会投资对产业结构专业化起反向驱动作用，即促进产业结构多样化发展。

14.4.2　建议

根据研究结果，为中部六省产业结构发展提出以下三点建议。

第一，河南省、江西省第一、第二产业结构素质处于优势，第三产业结构素质处于劣势。河南省应坚持扩大对外开放，提升经济发展优势。坚持以郑州航空港经济综合实验区为龙头，深度融入"一带一路"建设，推动全方位高水平开放，建设"空中丝绸之路"，大力发展航空经济、高铁经济。同时，将"互联网＋"与交通枢纽发展相结合，努力形成线上线下一体化的智慧型枢纽经济新形态，打造内陆开放型经济高地。江西省应积极创建制造业高质量发展国家级示范区，培育发展先进制造业产业集群。深化"互联网＋先进制造业"，注重利用技术创新和规模效应形成新的竞争优势，加快构建具有江西特色的现代化产业体系。

第二，湖北省、安徽省、湖南省第一产业结构素质处于优势，第二产业结构素质较不稳定，出现过由劣势到优势的转变，第三产业结构素质处于劣势。湖北省应着力推进新型工业化产业示范基地建设，积极创建新旧动能转换示范区，推动湖北制造向高端跃升。同时，对接京津冀协同发展、长三角一体化、粤港澳大湾区建设，广泛开展经常性协作交流。安徽省应深化工业精品提升行动，推动企业实施先进标准、加强品牌建设。推动战略性新兴产业集群发展，打造世界级人工智能及智能语音产业集群。同时，深度参与长江三角洲区域一体化发展国家战略。湖南省应发挥"一带一路"区位优势，壮大工业产业集群，大力推进湘南湘西承接产业转移示范区建设，成为中西部地区承接产业转移"领头雁"。加快国家物流枢纽承载城市建设，打造中部进口商品集散中心，着力打造内陆开放新高地。

第三，山西省第一产业结构素质处于劣势，第二产业结构素质处于优势，第三产业结构素质在 2016 年以后由劣势转为优势。山西省应充分发挥第二产业的结构优势，以《中国制造 2025》为纲，以《山西省"十三五"装备制造业发展规划》为行动指南，依托国家资源型经济转型综合配套改革试验区，转变经济发展方式，推动工业转型升级，大力发展装备制造业，建设新型产业示范基地。同时，贯彻"五大发展理念"，培育企业自主创新能力，加强企业研发投入，同时将企业与高校结合，构建产业协同创新机制。

第 15 章　山西省资源型城市产业
结构演变研究

15.1　研究区概况

作为因煤而兴、又因煤而困的煤炭资源大省，山西省为全国社会经济
发展作出了突出的、历史性贡献，同时面临着资源型城市经济转型发展问
题。2017 年 9 月国务院印发《国务院关于支持山西省进一步深化改革促进
资源型经济转型发展的意见》指出，我国经济发展进入新常态，对资源型
经济转型发展提出了新的更高要求。山西省应以能源供给结构转型为重
点，以产业延伸、更新和多元化发展为路径，建设安全、绿色、集约、高
效的清洁能源供应体系和现代产业体系。[①] 资源型经济转型发展，亟须打
破 "路径依赖"，重点发展新兴产业、现代制造业、文旅产业等非煤产业，
走多元化、创新型的绿色发展道路。因此，辨析山西资源型城市三次产业
结构发展水平及影响因素，着力推动资源型城市产业发展，对于山西省社
会经济转型有着至关重要的现实意义。

---

① 国务院关于支持山西省进一步深化改革促进资源型经济转型发展的意见 [EB/OL]. 中华
人民共和国中央人民政府网，http：//www. gov. cn/zhengce/content/2017 – 09/11/content_5224274.
htm？trs = 1，2017 – 09 – 01.

15.2 产业结构素质演变实证研究

15.2.1 第一产业结构素质演变

2003～2019 年，山西省资源型城市第一产业结构偏离分量波动范围集中在 -8～12，除运城市外，其值基本位于水平轴下方，第一产业结构素质低于全国平均水平，但整体上呈现向好发展态势。根据其变化趋势，大致可将其分为两个阶段：第一阶段为 2003～2011 年，山西省资源型城市第一产业结构偏离分量呈波动下降态势，第一产业结构素质下降，表明其第一产业在全国的劣势地位突出；第二阶段为 2011～2019 年，山西省资源型城市第一产业结构偏离分量呈上升态势，第一产业结构素质逐渐优化，表明其第一产业结构在全国的优势地位开始逐步显现（见图 15-1）。

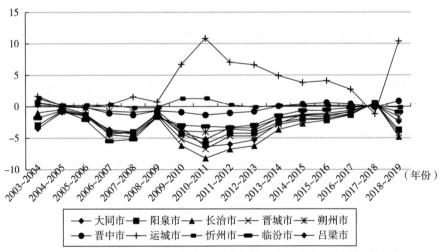

图 15-1　2003～2019 年山西省资源型城市第一产业结构偏离分量动态变化
资料来源：相关年份《中国统计年鉴》及《山西统计年鉴》。

山西省地处黄土高原东端，土壤贫瘠、水资源短缺、水土流失严重，耕地中中低产田占 80%，旱地占 70%（王斌等，2012），农业基础较薄弱。加之重矿轻农意识的影响，财政支农支出占 GDP 比重较低，农业发展相对缓慢，在全国处于劣势地位。2009年，运城市、晋中市、大同市三个现代农业示范区设立，部分资源型城市农业综合生产能力提升（王娟玲，2016），但农产品加工转化率仍低于全国平均水平（王斌等，2012）。2012年粮食单产为3885千克/公顷，比全国低1260千克/公顷，设施蔬菜只能满足山西省需求的40%，畜牧业产值比全国低4~5个百分点（王引荣等，2014），农业发展水平仍较低。同时，随着大量农村劳动力转移，资源型城市现代农业发展面临农业生产妇女化、老龄化等问题，经营主体缺失及后续力量不足等危机严重制约着资源型城市农业现代化发展（韩振兴，2014）。2010年，山西特色农产品北京展销周成功举办，山西特色农产品知名度逐步提升。资源型城市抓住发展机遇，立足资源禀赋，以农业供给侧结构性改革为主线，大力实施特色农业提质增效工程，全面构建现代特色优势农业体系，杂粮、有机旱作农业、城郊农业、功能食品等特色产业加快发展，第一产业结构素质逐渐呈现向好发展趋势。

15.2.2 第二产业结构素质演变

2003~2019年，山西省资源型城市第二产业结构偏离分量波动范围集中在-10~40，基本上处于水平轴的上方，第二产业结构素质高于全国平均水平，表明第二产业在全国具有一定的优势地位。具体来看，在研究时段内第二产业结构素质出现三个拐点：第一个拐点为2008~2009年，山西省资源型城市第二产业结构偏离分量大幅下降，第二产业结构素质变差，但整体上仍高于全国平均水平，表明山西省资源型城市第二产业基础较好，仍具备较强的产业结构优势。第二个拐点为2010~2011年，山西省资源型城市第二产业结构偏离分量达到高值区，第二产业结构素质优化，表明山西省资源型城市第二产业在全国的优势地位进一步凸显。第三个拐点为2014~2015年，山西省资源型城市第二产业结构偏离分量降到低值区，第二产业结构素质再次变差，表明山西省资源型城市第二产业在全国的优势再次减弱，随后第二产业结构素质又呈现向好发展态势（见图15-2）。

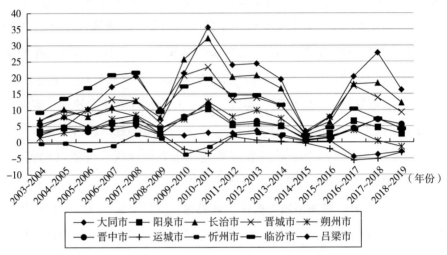

图 15-2　2003~2019 年山西省资源型城市第二产业结构偏离分量动态变化

资料来源：相关年份《中国统计年鉴》及《山西统计年鉴》。

　　按照山西省委、省政府建设新型能源和工业基地的战略部署，2003~2007年，山西省煤炭工业处于良性发展轨道，产品结构不断优化，附加值高、市场竞争力强的产品比重不断上升，煤炭工业对社会经济发展的支撑和带动作用增强（周洁，2008）。2008年，受国际金融危机影响，第二产业遭受重创，结构素质出现大幅下降，政府出台4万亿元投资计划及一系列扩大内需的举措，资金、政策等大力度向山西倾斜，如2009年《关于进一步加快推进煤矿企业兼并重组整合有关问题的通知》出台，山西着力整合煤炭资源，煤炭行业的生产集中度得到提升，高于全国煤炭行业集中度（赵国浩等，2010），第二产业受煤炭部门带动，结构素质优势提升。2013年，煤炭市场"黄金十年"彻底终结，煤炭价格回落，市场低迷（曹海霞等，2015）；同年，国务院发布《大气污染防治行动计划》指出，"要加快调整能源结构，增加清洁能源供应"，山西煤炭工业发展再次陷入困境，资源型城市第二产业结构素质下降至低值，对煤炭产业转型发展提出了新的挑战。近年来，山西省不断推进工业高质量转型发展，以建设国家资源型经济转型综合配套改革试验区和能源革命综合改革试点为依托，升级煤炭洗选行业，提高煤炭清洁高效利用能力，延长煤炭产业链，不断推进煤炭产业转型发展并取得良好成效，山西省资源型城市第二产业结构素质得到一定提升，在全国的优势仍较突出。

15.2.3　第三产业结构素质演变

2003～2019 年，山西省资源型城市第三产业结构偏离分量波动范围集中在 -40～10，基本处于水平轴下方，表明第三产业结构素质低于全国平均水平。具体来看，按其变化趋势大致可分为两个阶段：第一阶段为2003～2013 年，资源型城市第三产业结构偏离分量呈不同幅度波动下降趋势，第三产业结构素质较差，表明第三产业在全国的劣势地位不断凸显；第二阶段为 2013～2019 年，资源型城市第三产业结构偏离分量有所回升，第三产业结构素质得到优化，但整体上仍低于全国平均水平（见图 15 -3）。

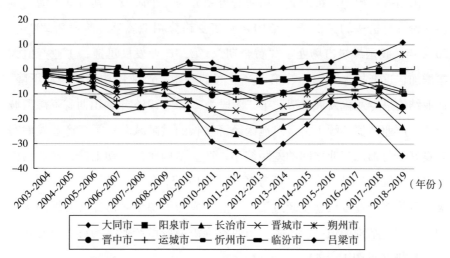

图 15 -3　2003～2019 年山西省资源型城市第三产业结构偏离分量动态变化
资料来源：相关年份《中国统计年鉴》及《山西统计年鉴》。

受第二产业基础优势影响，山西省资源型城市第三产业主要以批发与零售业、交通运输业等传统产业为主，新兴服务业所占份额小，产业结构内部合理性较差，第三产业整体发展水平较落后。2007 年，山西省第三产业占 GDP 比重为 34.9%，比全国平均水平低 4 个百分点，处中部六省末位。2008 年，《山西省人民政府关于加快服务业发展的实施意见》出台，山西省资源型城市不断转变经济发展方式，第三产业产值增加、占 GDP 比重不断提高，现代服务业得到发展，其增速快于同期 GDP 增速，保持较好增长势头。同时，第三产业与第二产业发展联动性较强，在第二产业发展受阻的情况下，第三产业中与第二产业联系紧密的部门同样受到冲击，发展速度减缓；第三产业中其余部门受到相关利好政策影响，整体发展水平提升，但现代服务业发展仍落后于全国平均水平，亟须调整内部产业结构、提高产业竞争力（赵国浩等，2010）。

15.3　产业结构演变影响因素分析

山西省资源型城市产业结构演变可划分为三个阶段，其与基于动态偏离—份额分析法的三次产业结构素质演变趋势相似。第一阶段为 2003～2012 年，我国煤炭市场处于"黄金期"，第二产业发展迅速，工业产值大幅增加，逐渐拉大与第一、第三产业间的差距，产业结构熵值波动下降，产业结构呈专业化发展趋势。第二阶段为 2012～2016 年，山西省资源型城市第二产业产值持续下滑，对地区经济增长的贡献减弱；第三产业发展态势良好，与第二产业之间的差距缩小，产业结构熵值波动上升，产业结构呈多样化发展趋势。第三阶段为 2016～2019 年，第二、第三产业均向好发展，且第三产业发展速度超过第二产业，成为资源型城市经济发展的主要力量，产业结构熵值持续下降，山西省资源型城市产业结构再次呈专业化发展趋势（见图 15－4）。

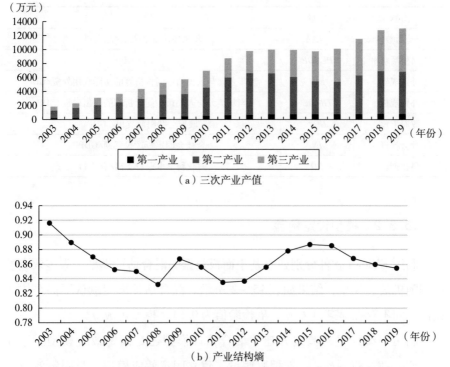

图 15 - 4　2003～2019 年山西省资源型城市三次产业产值及产业结构熵

资料来源：相关年份《中国统计年鉴》及《山西统计年鉴》。

15.3.1　变量选取

产业结构演变状态受到多种因素影响，本书参考已有研究（高远东等，2015；魏浩等 2012），并结合资源型城市产业结构发展的实际情况，试图从人口、经济、社会、科技创新等方面探究其对产业结构演变的影响。将产业结构熵作为被解释变量，记为 H；将劳动力数量、人民生活水平、外资规模、外贸规模、政府干预、社会投资、科技创新作为影响产业结构熵的控制变量，建立面板数据回归模型（见表 15 - 1）。模型设定如下：

$$H = \alpha_0 + \alpha_1 \ln(LA) + \alpha_2 \ln(PCGDP) + \alpha_3 \ln(FDI) + \alpha_4 \ln(TRADE) +$$
$$\alpha_5 \ln(GOV) + \alpha_6 \ln(IN) + \alpha_7 \ln(RD) + \varepsilon \qquad (15 - 1)$$

表 15 - 1   **变量选取**

指标	变量	定义
劳动力数量	LA	年末单位从业人员/总人口
人民生活水平	PCGDP	人均 GDP
外资规模	FDI	当年美元与人民币中间价折算的实际利用外资/GDP
外贸规模	TRADE	当年美元与人民币中间价折算的进出口额/GDP
政府干预	GOV	政府公共财政支出/GDP
社会投资	IN	全社会固定资产投资额/GDP
科技创新	RD	财政科学事业费支出/总人口

15.3.2　模型设定检验

利用 EViews 软件分别建立基于面板数据的混合估计模型、固定效应模型和随机效应模型，结果如表 15 - 2 所示。混合估计模型默认不同个体和截面之间不存在显著性差异，R^2 检验值为 0.61，模型可成立。

利用 F 统计量检验选择建立混合估计模型还是固定效应模型。经计算，$F = -82.87 > F_{0.01}$，推翻原假设，建立固定效应模型。与固定效应模型相比，随机效应模型相当于将固定效应中的截距分解为截面随机误差项和时间随机误差项，即各城市具有相同的截距项，个体差异主要反映在随机干扰项。利用豪斯曼统计量检验，豪斯曼统计量值 59.69，对应的 P 值是 0.0000，即拒绝原假设。且随机效应 R^2 检验值为 0.68，小于固定效应 R^2 值 0.94，表明应选择固定效应模型对山西省资源型城市产业结构影响因素进行研究。

15.3.3　估计结果分析

在综合考虑各参数和检验结果后，选取固定效应模型的估计结果为基础进行实证分析（见表 15 - 2）。从回归系数来看，除外贸规模未通过显著性检验外，其余各因素对资源型城市产业发展的影响程度由大到小分别为人民生活水平（-0.131）、社会投资（0.099）、政府干预（0.085）、劳动力数量（0.066）、科技创新（0.007）、外资规模（-0.006）。从影响因素显著性作用看，一类是人民生活水平和外资规模，与产业结构熵显著负相关，促进产业结构专业化；另一类是社会投资、政府干预、劳动力数量和科技创新，与产业结构熵显著正相关，促进产业结构多样化。具体来看有以下几个方面。

表 15 - 2　　　　　　　　　　　　　面板数据回归结果

被解释变量 模型设定	产业结构熵 H		
	混合估计模型	固定效应模型	随机效应模型
LA	- 0. 12921 ***	0. 066014 **	0. 00171
	(- 6. 3552)	(2. 570494)	(0. 081472)
FDJ	- 0. 01258 **	- 0. 00605 ***	- 0. 00746 ***
	(- 2. 52877)	(- 2. 78053)	(- 3. 48715)
TRADE	- 0. 0123 **	- 0. 00281	- 0. 00411
	(- 1. 97736)	(- 0. 83593)	(- 1. 25396)
IN	0. 168589 ***	0. 099304 ***	0. 105063 ***
	(6. 811333)	(8. 494732)	(9. 168457)
PCGDP	- 0. 06948 ***	- 0. 13093 ***	- 0. 11287 ***
	(- 3. 1072)	(- 10. 4631)	(- 9. 47931)
RD	- 0. 00292	0. 007381 *	0. 005705
	(- 0. 30204)	(1. 675769)	(1. 309195)
GOV	- 0. 0751 **	0. 085492 ***	0. 058078 ***
	(- 2. 39974)	(4. 028597)	(2. 936455)
C	0. 090706	1. 436389 ***	1. 058146 ***
	(0. 426397)	(8. 649208)	(7. 094814)
参数联合检验		$Prob(F - stat) = 0$	$Prob(F - stat) = 0$
R^2	0. 608767	0. 940793	0. 676208

注：*、** 和 *** 分别表示在 10%、5% 和 1% 水平上显著。

资料来源：相关年份《山西统计年鉴》及《中国城市统计年鉴》。

第一，人民生活水平在 1% 的水平上与产业结构熵呈显著负相关，人民生活水平每提高 1%，产业专业化水平提升 0. 131%。随着居民生活水平的提高，消费结构升级，生活必需品消费比重降低，对商品和服务的需求质量越来越高、需求种类越来越丰富，刺激各产业部门提高质量的同时，带动了相关产业的发展；居民消费水平随之提高，在追求高品质产品和服务的过程中，在科技研发投入、新产品、新功能等方面对新兴服务业和第三产业发展提出更高要求，从而刺激第三产业迅速发展，产业专业化水平不断提升。

第二，社会投资在1%的水平上与产业结构熵呈显著正相关，社会投资每提高1%，产业多样化水平提升0.007%。资源型城市经济发展长期依赖资源开发、重化工扩张等方式，社会投资成为地区经济发展的重要驱动力。山西省资源型城市以转型跨越发展为战略目标，通过政策引导社会投资，投资结构不断优化，第二产业占比逐渐下降、第三产业占比逐渐上升，投资结构多元化推动产业结构多样化。

第三，政府干预在1%的水平上与产业结构熵呈显著正相关，政府干预每提高1%，产业多样化水平提升0.085%。政府干预是地区社会经济发展的重要组成部分，政府运用经济手段，利用财政政策，对地区各产业部门发展进行调节，科学合理地进行资源配置，使得产业结构趋向多样化发展。

第四，劳动力数量在5%的水平上与产业结构熵呈显著正相关，劳动力数量每提高5%，产业多样化水平提升0.066%。随着资源型城市人民生活水平的提高，第三产业对经济发展的带动作用逐步提升，对劳动力的吸纳作用增强，大量农村剩余劳动力向第三产业转移，有利于产业结构趋向多样化发展。同时，产业结构与人才结构的关联性较强，资源型城市经济发展对劳动力素质也提出更高要求。山西省应加快调整人才结构，促进人才结构与产业结构相适应，充分发挥人才结构对产业结构调整的推动作用。

第五，科技创新在10%的水平上与产业结构熵呈显著正相关，科技创新每提高10%，产业多样化水平提升0.007%。科技创新作为影响产业发展的重要因素，是加速产业结构向高级化演变的动力所在，是煤炭资源型地区转型的关键。近年来，山西省资源型城市不断加大对科技创新的投入力度，通过引进高端人才、营造良好创新环境、提高科技成果转化率等，大力开展科技创新，专利申请量与授权量显著增加，技术创新对地区产业发展推动作用凸显，促使资源型城市产业发展多样化水平不断得到提升。

第六，外资规模在 1% 水平上与产业结构熵呈显著负相关，外资规模每提高 1%，产业专业化水平提升 0.006%。外资规模对区域产业结构的影响主要是通过先进技术的转移和技术外溢实现的。作为我国重要的能源工业基地，外资更加看中山西省的资源优势，投资主要集中在资源型城市的煤炭、电力等第二产业，对第三产业的投资也以输出煤炭为主的交通运输、仓储业等传统服务业为主，而对金融、科技等新兴产业的投资力度较小。这种投资结构导致外资的利用一定程度上阻碍了山西省资源型地区产业结构多样化。

15.4　小结与建议

15.4.1　小结

运用动态偏离—份额分析法、产业结构熵、面板数据回归模型对 2003～2019 年山西省资源型城市社会经济发展过程中产业结构演变及影响因素进行研究，得出以下结论。

第一，从三次产业结构发展水平上看，山西省资源型城市第一产业结构偏离分量基本上位于水平轴下方，结构素质低于全国平均水平，但 2008 年后整体上呈现向好发展态势；第二产业结构偏离分量基本上位于水平轴上方，与全国平均水平相比具备一定的优势，整体上高于全国平均水平，但受全球经济环境影响波动幅度较大；第三产业结构素质与全国平均水平相比不具备优势，但 2013 年来向好发展态势凸显，结构优势逐步显现。

资源型城市三次产业在 2013 年煤炭市场"黄金十年"彻底终结后，呈现不同发展态势。其中，山西省资源型城市通过大力发展特色农业和现代服务业，第一、第三产业结构发展水平均呈现不断向好发展态势；第二产业受资源型经济衰退冲击影响出现大幅度下降，但依托其优良的产业基础，加上转型发展政策大力推动，再次呈现向好发展态势。

第二，山西省资源型城市产业结构整体呈专业化方向发展。分析其影响因素可以发现：人民生活水平提升和外资规模扩大对于山西省资源型城市产业结构专业化发展影响显著。

社会投资增加、政府干预增强、劳动力数量提升、科技创新增强则对山西省资源型城市产业结构专业化起反向驱动作用，促进产业结构多样化发展。

固定资产投资和实际利用外资对产业结构多样化呈现相反的驱动作用，且固定资产投资的作用力远大于实际利用外资的作用力。固定资产投资对于产业整体发展与平衡发展起促进作用，实际利用外资趋向于促进某一产业发展。结合山西资源型城市产业发展基础来看，第二产业仍是外资的主要投资目标，应合理引导与利用外资，充分发挥其为资源型经济实现转型发展提供资金与技术帮助的能力。

15.4.2 建议

对于推进山西省资源型城市产业结构多样化发展，应进一步加大固定资产投资力度，引导固定资产投资更多地流向新兴产业；提升产业科技创新水平，充分利用创新成果，对传统产业改造升级，增强传统产业竞争力，吸引更多外商投资；进一步明确政府干预支撑经济发展、引领发展方向，加强需求侧对产业发展的牵引作用；构建合理劳动力市场，规划劳动力数量和质量同产业发展方向相适应。另外，要严控经济水平与产业发展相适应、相匹配；合理引导外来投资流向转型发展重点领域和产业部门，积极参与到产业集群培育中。

第16章 河南省资源型城市产业结构演变研究

16.1 研究区概况

河南省作为传统的资源大省，其资源型城市产业结构逐步实现了由"二、一、三"向"二、三、一"的历史性转变，但仍以资源依托下的工业发展为地区经济主导。产业结构发展不合理、工业主导产业层次低、资源指向性明显等问题日益凸显。2017年，《河南省资源型城市转型发展规划（2017～2020年）》指出，要贯彻新发展理念，坚持质量第一、效益优先，以供给侧结构性改革为主线，引导各类资源型城市探索新模式、激发新活力、拓展新路径、集聚新要素，着力增强内生动力，着力培育接续产业，并提出高水平发展煤炭精深加工产业，加强煤炭等资源就地转化，改造培育传统产业，积极培育新兴产业，加快发展优势服务业等一系列政策，为河南省进一步发挥产业结构优势，突破资源型城市转型发展瓶颈，实现绿色、可持续发展提供了方向性指引。①

16.2 产业结构素质演变实证研究

16.2.1 第一产业结构素质演变

2000～2018年，除南阳市第一产业结构偏离分量波动幅度较大以外，

---

① 关于印发《河南省资源型城市转型发展规划（2017－2020年）》的通知［EB/OL］. 河南省发展和改革委员会网站，https：//fgw. henan. gov. cn/2018/02－26/711064. html，2018－02－26.

其余资源型城市第一产业结构偏离分量基本围绕水平轴波动，波动范围集中在 -10 ~ 10。至 2018 年末，平顶山市、南阳市、三门峡市及濮阳市第一产业结构偏离分量为负，第一产业结构素质低于全国平均水平，表明第一产业在全国处于劣势地位；鹤壁市、焦作市及洛阳市第一产业结构偏离分量为正，第一产业结构素质高于全国平均水平，表明第一产业在全国处于优势地位（见图 16 – 1）。

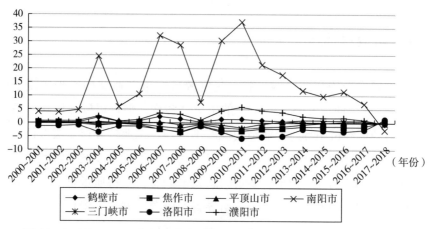

图 16 – 1　2000 ~ 2018 年河南省资源型城市第一产业结构偏离分量动态变化

资料来源：相关年份《中国统计年鉴》及《河南统计年鉴》。

　　河南是我国人口大省、农业大省，但水资源与人口、耕地严重失衡，植被覆盖率较低，水土流失严重（张振江，2009），生态环境脆弱，农业可持续发展面临挑战。农田水利工程大多修建于 20 世纪五六十年代，年久失修、设施老化，抵御自然灾害能力下降，农业成灾面积不断扩大，严重制约着农业现代化进程（李继明，2005）。同时，受温室效应影响，农业发展面临着干旱、病虫等灾害，农业产量下降（薛选登，2014）。农田水利工程落后、农业基础设施建设不完善、现代农业基础不牢固等问题抑制了河南省农业发展水平的提升，农业发展无法适应社会经济发展的需要，与全国平均水平相比较为缓慢，结构与竞争力不具备优势。为适应设施农业发展形势、满足农业用地需求，河南省改进用地管理方式、加大用地支持力度、大幅度放宽用地规模。近年来，河南省资源型城市致力于培育发展新型农业，但农业生产经营方式落后，大多数地区仍是小农生产经营模式，劳动生产率落后（张雪莲，2021），在全国依然处于劣势。

16.2.2　第二产业结构素质演变

2000～2018 年，河南省资源型城市第二产业结构偏离分量均为正，波动范围集中在 0～60。根据其变化趋势，可划分为两个阶段：2000～2011 年，河南省资源型城市第二产业结构偏离分量呈波动上升态势，第二产业结构素质逐渐优化，表明第二产业在全国处于优势地位且日益突出；2011 ～2018 年，河南省资源型城市第二产业结构偏离分量呈波动下降趋势，第二产业结构素质变差，但仍在全国处于优势地位。至 2018 年末，第二产业结构整体呈向好发展趋势（见图 16-2）。

河南省作为我国重要的产煤省份之一，原煤开采量占能源生产总量的比重较高。2000 年以来，河南省对工业内部结构进行了多次重大调整，建成了门类齐全的现代工业体系，第二产业结构不断优化，优势逐渐显现。2008 年，随着国际金融危机蔓延，河南省工业增加值增幅同比回落 4 个百分点（龚绍东等，2009），低于全国平均水平 0.4 个百分点（河南工业经济发展报告，2008），第二产业结构素质下降。2013 年，煤炭市场"黄金十年"终结，在经济增长放缓、产能过剩、进口冲击、国家调控等影响下，我国煤炭产销量、消费量同比负增长；煤炭市场投资回落，并出现负增长状况（栗继祖等，2014），对河南省资源型城市工业发展产生了一定的负面影响，第二产业增速逐步下滑，结构素质下降。2015 年以来，河南省工业发展整体平稳，在全国的增速位居前列，第二产业结构不断优化。但面对经济下行压力不断加大的严峻形势，河南省第二产业发展的困难和问题仍然十分突出（韩毅，2016），河南省现有工业结构以劳动密集型和初加工产品为主，高技术类和适应消费结构升级的产品数量不多、规模偏小，产品竞争力不足（王芳，2010）。河南省工业劳动生产率及每万人口发明专利数均远低于全国平均水平，且企业普遍缺乏具有自主知识产权的技术和产品，管理方式粗放，不具备核心竞争优势（韩毅，2016）。

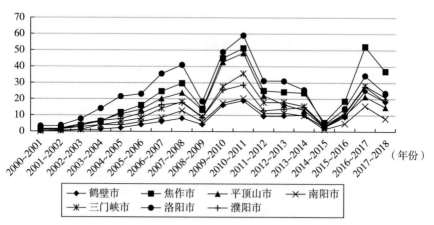

图 16 - 2 2000 ~ 2018 年河南省资源型城市第二产业结构偏离分量动态变化
资料来源：相关年份《中国统计年鉴》及《河南统计年鉴》。

16.2.3 第三产业结构素质演变

2000 ~ 2018 年，河南省资源型城市第三产业结构偏离分量均位于水平轴下方，波动范围集中在 - 60 ~ 0。根据其变化趋势可划分为两个发展阶段：2000 ~ 2011 年，河南省资源型城市第三产业结构偏离分量呈波动下降态势，第三产业结构素质低于全国平均水平，表明第三产业在全国仍处于劣势地位；2011 ~ 2018 年，鹤壁市、焦作市及三门峡市第三产业结构偏离分量呈波动下降态势，第三产业在全国的劣势地位更加突出；平顶山市、南阳市、洛阳市及濮阳市第三产业结构偏离分量呈波动上升趋势，第三产业结构素质得到优化，但仍低于全国平均水平，第三产业在全国的地位仍处于劣势（见图 16 - 3）。

2000 ~ 2006 年，河南省服务业对 GDP 增长的贡献率逐年降低，由42.8% 下降至22.2%，2007 年服务业对 GDP 增长的贡献率仍低于全国平均水平 7.5 个百分点（王树芳等，2009）。2008 年，受金融危机影响，金融服务业、物流、旅游等行业受到严重影响，第三产业面临威胁，其结构素质下降。2011年开始，河南省资源型城市着重发展现代服务业，其中金融业、房地产业、信息服务业、租赁和商业服务业等一些典型的现代服务业产值占第三产业总比重逐步增加，对河南省第三产业发展起到了良好的带动作用（崔芸，2012），第三产业结构素质有所回升。但河南省技术、知识密集型行业发展缓慢，这与日益发展的社会化大生产和城市现代化的要求极不适应（商勇，2010）。而传统服务业经过多年的发展经营，虽然已经形成了产业体系，但与我国发达城市和地区还存在着巨大的差距（胡彦纳，2011），制约了第三产业的发展。

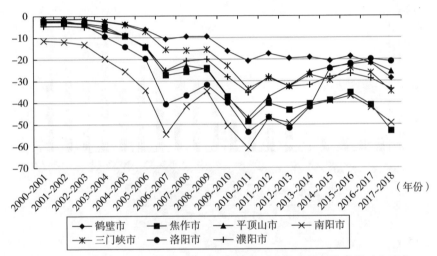

图16-3 2000～2018年河南省资源型城市第三产业结构偏离分量动态变化

资料来源：相关年份《中国统计年鉴》及《河南统计年鉴》。

16.3 产业结构演变影响因素分析

河南省资源型城市产业结构演变可划分为三个阶段，其与基于动态偏离—份额分析法的三次产业结构素质演变趋势相似。第一阶段为2000～2011年，三次产业产值逐年增加，第三产业产值占三次产业比重最大且发展速度较快，是资源型城市经济发展的主要力量。产业结构熵值呈波动下降态势，波动范围集中在0.86～1，产业结构向专业化方向发展。第二阶段为 2011～2015 年,第二产业产值波动减少,第三产业产值逐年增加,第三产业对资源型城市经济发展的积极作用逐渐显现。产业结构熵值呈波动上升趋势,波动范围集中在 0.86～0.92,产业结构转向多样化方向发展。第三阶段为 2015～2018 年,第三产业继续发展,其与第二产业的差距进一步减少,对资源型城市经济发展的贡献加大。产业结构熵值呈逐年下降趋势,由 0.92 下降至 0.90 并保持稳定,产业结构再次转向专业化方向发展(见图 16 – 4)。

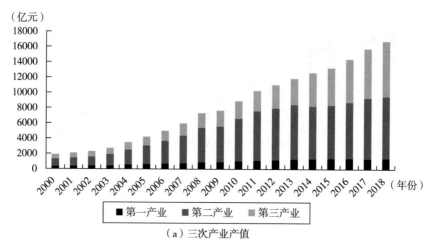

（a）三次产业产值

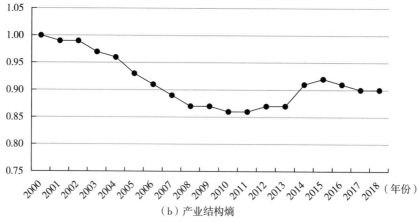

（b）产业结构熵

图 16 – 4　2000～2018 年河南省资源型城市三次产业产值及产业结构熵

资料来源:相关年份《中国统计年鉴》及《河南统计年鉴》。

16.3.1　变量选取

产业结构演变受到多种因素影响，本书参考已有研究（高远东，2015），并结合资源型城市产业结构发展的实际情况，试图从利用外资水平、消费水平、人民生活水平、科技创新等方面探究其对产业结构演变的影响。将产业结构熵作为被解释变量，记为 H；将利用外资水平、消费水平、人民生活水平、科技创新、社会投资、劳动力数量作为影响产业结构熵的控制变量（见表 16-1），建立面板数据回归模型，模型设定如下：

$$H = \alpha_0 + \alpha_1 \ln(FDI) + \alpha_2 \ln(CG) + \alpha_3 \ln(PCGDP) + \alpha_4 \ln(RD) +$$

$$\alpha_5 \ln(IN) + \alpha_6 \ln(LA) + \varepsilon \qquad (16-1)$$

表 16-1　　　　　　　　　　　　　　　变量选取

指标	变量	定义
利用外资水平	FDI	当年美元与人民币中间价折算的实际利用外资/GDP
消费水平	CG	社会消费品零售额/GDP
人民生活水平	PCGDP	人均 GDP
科技创新	RD	财政科学事业费支出/ GDP
社会投资	IN	全社会固定资产投资额/GDP
劳动力数量	LA	年末单位从业人员/总人口

16.3.2　模型设定检验

利用 EViews 软件分别建立基于面板数据的混合估计模型、固定效应模型和随机效应模型，结果如表 16-2 所示。混合估计模型默认不同个体和截面之间不存在显著性差异，R^2 检验值为 0.82，模型可成立。

利用 F 统计量检验选择建立混合估计模型，还是固定效应模型。经计算，$F = 3.98 > F_{0.01}$，推翻原假设，建立固定效应模型。与固定效应模型相比，随机效应模型相当于将固定效应中的截距分解为截面随机误差项和时间随机误差项，即各城市具有相同的截距项，个体差异主要反映在随机干扰项。利用豪斯曼统计量检验，豪斯曼统计量值 23.88，对应的 P 值是 0.000，即拒绝原假设。且随机效应 R^2 检验值为 0.82，小于固定效应 R^2 值 0.85，表明应选择固定效应模型对河南省资源型城市产业结构影响因素进行研究。

16.3.3 估计结果分析

在综合考虑各参数和检验结果后，选取固定效应模型的估计结果为基础进行实证分析（见表 16-2）。从回归系数来看，除利用外资水平、劳动力数量未通过显著性检验外，其余各因素对资源型城市产业发展的影响程度由大到小分别为：消费水平（0.437）、人民生活水平（-0.117）、社会投资（0.117）、科技创新（-0.008）。从影响因素显著性的作用看，一类是人民生活水平和科技创新，与产业结构熵显著负相关，促进产业结构专业化；另一类是消费水平和社会投资，与产业结构熵显著正相关，促进产业结构多样化。具体来看有以下几个方面。

表 16-2　　　　　　　　　　面板数据回归结果

被解释变量 模型设定	产业结构熵（H）		
	混合估计模型	固定效应模型	随机效应模型
FDI	0.000532 （0.087682）	0.002913 （0.465646）	0.000532 （0.093698）
CG	0.406065 *** （7.985153）	0.437340 *** （5.035328）	0.406065 *** （8.533023）
PCGDP	-0.143839 *** （-10.90228）	-0.117287 *** （-5.917723）	-0.143839 *** （-11.65030）
RD	-0.006571 （-1.518185）	-0.008466 * （-1.938600）	-0.006571 （-1.622350）
IN	0.174794 *** （6.045607）	0.117312 *** （2.774139）	0.174794 *** （6.460403）

续表

被解释变量 模型设定	产业结构熵(H)		
	混合估计模型	固定效应模型	随机效应模型
LA	−0.226816 (−1.079143)	−0.174028 (−0.568430)	−0.226816 (−1.153185)
c	1.069229 *** (7.203339)	0.824505 *** (3.936000)	−1.069229 *** (7.697568)
参数联合检验		$Prob(F-stat)=0.0000$	$Prob(F-stat)=0.0000$
R^2	0.821204	0.850882	0.821204

注：＊、＊＊和＊＊＊分别表示在 10%、5% 和 1% 水平上显著。
资料来源：相关年份《河南统计年鉴》及《中国城市统计年鉴》。

第一，消费水平在 1% 的水平上与产业结构熵呈显著正相关，促进产业结构多样化。各类产业生产发展均需以消费市场为指向，且商品供求关系的变化是产业结构进行调整和升级的动力。由于河南省人口基数大、城乡收入水平差距大、人口社会背景差异大等现状（郭利利，2012），河南省消费结构趋向多元化，消费层次也不尽相同，进而促进了三次产业结构中各行业及部门的发展，有利于产业结构多样化。

第二，人民生活水平在 1% 水平上与产业结构熵呈显著负相关，促进产业结构专业化。随着城市人民生活水平的提升，产业专业化水平逐步提高而多样化水平相对下降；随着城市人民生活水平的进一步提升，多样化水平进一步提升最终实现更高层次的专业化与多样化产业分工（邬丽萍，2012）。在河南省三次产业比重中，第二产业产值位于首位，且与第一、第三产业产值相差较大，第二产业专业化趋势较为明显，从而推动产业结构专业化发展。

第三，社会投资在 1% 的水平上与产业结构熵呈显著正相关，表明拉动经济"三驾马车"之一的投资对地区产业结构多样化具有促进作用。根据新古典增长核算方程式，资本存量的上升会促进经济增长，各产业部门的发展会受到固定资产投入规模的直接影响。河南省统计局的罗勤礼教授指出，投资推动型经济是河南经济最基本的特点之一（罗勤礼，2007）。河南省作为中部地区产值最大的省份，投资对其产业结构影响较大。近年来，河南省固定资产投资持续保持增长态势，投资规模稳步增长。随着河南深入推进供给侧结构性改革，河南固定资产投资以"转动力、夯基础、补短板、拓空间、惠民生"为导向，加大了在技术设备升级、重大基础设施项目、新型城镇化建设、社会公共服务、绿色低碳循环经济等领域的投资力度，固定资产投资在三次产业内部的结构逐步优化（李斌，2019），驱动产业结构多样化发展。

第四，科技创新在10%水平上与产业结构熵呈显著负相关，表明科技创新对产业结构专业化具有促进作用。近年来，河南省不断集聚创新资源，在资金、人才、设施等方面强化科技创新供给。河南 R&D 经费投入占全国比重稳中有升，多年保持在3%以上（胡明晖，2019）。但由于河南省科技起点低、高端要素匮乏以及高新技术企业数量少、规模小等问题，成为河南省产业结构多样化发展的重要制约因素，仅有少数生产部门在科技创新领域有较大贡献，产业结构趋向专门化。

16.4 小结与建议

16.4.1 小结

运用动态偏离—份额分析法、产业结构熵及面板数据回归模型，对 2000～2018 年来河南省资源型城市社会经济发展过程中产业结构演变及影响因素进行研究，得出以下两点结论。

第一，从三次产业结构发展水平上看，2000～2018 年，河南省资源型城市第一、第三产业结构偏离分量位于水平轴下方，产业结构素质低于全国平均水平，第一、第三产业在全国基本处于劣势地位。第二产业结构偏离分量位于水平轴上方，产业结构素质高于全国平均水平，第二产业在全国始终持有优势地位。

第二，河南省资源型城市整体趋向专业化方向发展。分析其影响因素可以发现：人民生活水平和科技创新的提高，有利于促进产业结构专业化发展；消费水平和社会投资水平的提高，对产业结构专业化起反向驱动作用，即促进产业结构多样化发展。

16.4.2　建议

资源型城市经济转型离不开政策支持，河南省应当以《全国资源型城市可持续发展规划（2013～2020年）》《河南省资源型城市转型发展规划（2017～2020年）》为纲领，制定市级资源型城市发展方案；以国家"五大发展理念"为指引，注重发展机制建设，特别要注重替代产业扶持机制建设，因地制宜寻求引领资源型城市产业发展模式。发挥政府政策带动作用，激活市场内生动力，形成财政投入与资本投入协作促进经济增长合力。资源型城市可持续发展不能简单地"推倒重来"，要遵循经济发展规律，依托区域产业基础和要素禀赋。三门峡市、鹤壁市和平顶山市作为成熟型资源型城市，应当提高资源产业科技创新水平，在产业链延伸上下功夫，形成资源产业与资源深加工产业合理配置格局，依托支柱产业加快培育产业集群。焦作市和濮阳市作为衰退型资源型城市，应当重点建设生态经济，走绿色经济发展道路，积极寻求政策支持，加快寻找并大力发展接替产业。洛阳市和南阳市作为再生型资源型城市，在做好经济发展新旧动能转换的基础上，经济结构与产业结构之间协调发展，传统制造业改造升级的同时培育战略性新兴产业。

第17章　安徽省资源型城市产业结构演变研究

17.1　研究区概况

安徽省是国家中部崛起战略重点发展区域和连接东部和西部地区的重要纽带，区位条件十分优越（安徽省政府，2017）。目前安徽省经济稳中有进，处于推动高质量经济发展的重要时期。长期以来，安徽省资源型城市在工业强省战略的指引下，依托得天独厚的自然资源禀赋发展经济，成为全国的工业大省。随着安徽省资源型城市经济发展进入新阶段，产业发展模式粗放、行业集中度低、产业竞争力不足等问题的出现影响着地区经济进一步发展。因此，安徽省资源型城市转型发展迫在眉睫。2011年，《安徽省人民政府办公厅关于促进资源型城市转型与可持续发展的意见》中指出，资源型城市要在原有优势特色产业基础上，加快发展战略性新兴产业，用好省战略性新兴产业引导资金，努力培育接续替代产业，对安徽省资源型城市经济转型意义重大。[①]

---

① 安徽省人民政府办公厅关于促进资源型城市转型与可持续发展的意见 [EB/OL]. https://www.ah.gov.cn/szf/zfgb/8130021.html，2011 – 10 – 18.

17.2 产业结构素质演变实证研究

17.2.1 第一产业结构素质演变

2000~2019 年，安徽省资源型城市第一产业结构偏离分量基本围绕水平轴波动，波动范围集中在 −10~20。根据其变化趋势，大致可分为两种类型：第一类包括宿州市、亳州市、滁州市、宣城市和池州市，其第一产业结构偏离分量整体位于水平轴上方且呈波动上升态势，第一产业结构素质高于全国平均水平，表明第一产业在全国处于优势地位；第二类包括淮北市、淮南市、马鞍山市和铜陵市，其第一产业结构偏离分量整体位于水平轴下方，其中淮南市第一产业结构偏离分量呈波动上升态势并由负转正，第一产业结构素质得到优化，表明第一产业在全国的优势地位逐渐显现。其余三个资源型城市第一产业结构偏离分量呈波动下降态势，第一产业结构素质低于全国平均水平，表明第一产业在全国处于劣势地位（见图 17-1）。

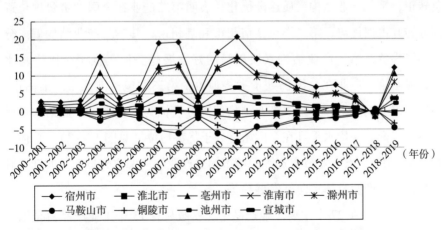

图 17-1 2000~2019 年安徽省资源型城市第一产业结构偏离分量动态变化
资料来源：相关年份《中国统计年鉴》及《安徽统计年鉴》。

农业功能往往影响着农业竞争力，一个国家、一个地区的农业功能种类越多、质量越高,其农业的竞争力就越强(黄婷,2011)。安徽省是我国重要的农产品生产基地之一,第一产业发展基础较好。其农业经济在全国处于前列,政府扶持20多个农产品出口示范基地,使其农产品出口结构进一步优化,出口额创历史新高(邓小华,2008)。加之安徽省先后组织实施了农业产业化"121"强龙工程、"532"提升行动等,农业综合生产能力稳步提升(储昭斌,2013),农业投入不断加大,推动了第一产业结构素质的提升。随着安徽省健康养殖综合集成技术的推进,养殖业在第一产业中比重逐年递增(余庆来等,2015);在追求高效农业和粮食增产的过程中,中低产田比重大、耕地质量不高等状况伴随发生,但总体上第一产业结构素质在全国仍具有小幅优势。

17.2.2 第二产业结构素质演变

2000～2019年,安徽省资源型城市第二产业结构偏离分量基本围绕水平轴波动,波动范围集中在 -20～40。根据其变化趋势,大致可分为三种类型:第一类包括滁州市、池州市和宣城市,其第二产业结构偏离分量由负转正,第二产业结构素质逐渐优化,表明第二产业在全国的劣势地位逐渐好转并占据优势;第二类包括宿州市和亳州市,其第二产业结构偏离分量始终为负,第二产业结构素质虽呈向好发展趋势但仍低于全国平均水平,表明第二产业在全国仍处于劣势地位;第三类包括淮北市、淮南市、马鞍山市和铜陵市,其第二产业结构偏离分量恒为正,第二产业结构素质始终高于全国平均水平且在全国始终处于优势地位(见图17-2)。总体来看,至2019年末,安徽省资源型城市第二产业结构偏离分量均呈波动上升态势,第二产业整体呈向好发展趋势。

2004年,在27个主要工业产品中,安徽只有13个工业产品占全国比重超过全国平均水平,重点工业产品中安徽所占份额相对较少,特色不明显、优势没有得到发挥,与全国平均水平还存在差距(柳百萍等,2011)。自2007年"实施工业强省"战略提出以来,安徽第二产业占GDP比重不断上升，2010 年工业对经济增长贡献率63.5%，对高耗能产业的依存度降低，第二产业竞争力得到提升；但高耗能产业比重偏高、"粗加工、低技术"比重较大、行业集中度偏低等问题导致安徽第二产业结构素质仍低于全国水平。随着"四万亿计划"刺激效应逐步淡化，安徽规模以上工业增速大幅回落，用工成本增加至基本接近沿海省份，工业产品的市场需求也逐渐减弱，第二产业在全国的竞争力减弱。

17.2.3　第三产业结构素质演变

2000～2019 年，安徽省资源型城市第三产业结构偏离分量均为负，波动范围集中在 -40～0，且呈波动下降态势，第三产业结构素质低于全国平均水平，表明第三产业在全国处于劣势地位且劣势逐渐凸显。根据波动幅度大小，可分为三个阶段：2000～2009 年，第三产业结构偏离分量波动幅度较小，第三产业结构素质相对稳定；2009～2011 年，第三产业结构偏离分量波动幅度相对较大，各资源型城市之间第三产业结构素质差距逐渐拉大；2011 年后，除滁州市外，其余资源型城市第三产业结构偏离分量再次呈小幅下降态势，第三产业结构素质有所好转但仍在全国处于劣势（见图 17 - 2）。

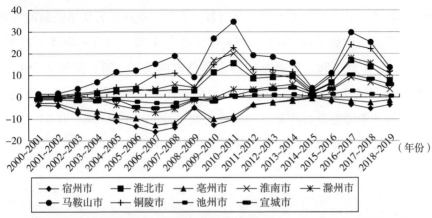

图 17 - 2　2000～2019 年安徽省资源型城市第三产业结构偏离分量动态变化
资料来源：相关年份《中国统计年鉴》及《安徽统计年鉴》。

整体来看，安徽省第三产业主要以传统商业和服务业为主，高层次的生产和生活服务等行业比重过低，发展相对滞后。2011 年，安徽省服务业占 GDP 比重持续下滑，2011 年下降至 32.5%，服务业在全省的总量及规模均较小。且其现代服务业位于全国及中部地区中等偏下水平（程利华，2012）。因此，2011 年，安徽省各资源型城市第三产业表现出较明显的产业结构劣势。随着现代服务业集聚区建设发展，安徽主导产业与发展特色日趋鲜明，服务业竞争力得到提升，但服务业发展层次仍处在较低水平，高附加值的行业占比不高，现代服务业企业规模偏小，产业内部结构有待优化。

17.3　产业结构演变影响因素分析

安徽省资源型城市产业结构演变可划分为三个阶段，其与基于动态偏离—份额分析法的三次产业结构素质演变趋势相近。第一阶段为 2000 ~ 2010 年，三次产业产值逐年增加，第三产业发展速度最快，但第二产业产值占三次产业比值最大，其对经济发展贡献最大。产业结构熵值呈大幅下降态势，范围集中 0.92 ~ 1.02，产业结构向专业化方向发展。第二阶段为 2010 ~ 2015 年，第二产业发展速度减缓，第三产业逐渐表现出强劲的发展劲头。产业结构熵值在 2010 ~ 2013 年保持在 0.92，2013 ~ 2015 年陡增，由 0.92 上升至 0.96，产业结构向多样化方向发展。第三阶段为 2015 ~ 2019 年，第三产业继续发展并与第二产业差距减小，逐渐成为资源型城市经济发展的重要力量。产业结构熵值再次下降并由 0.96 降至 0.93，产业结构再次转向专业化方向发展（见图 17 - 3）。

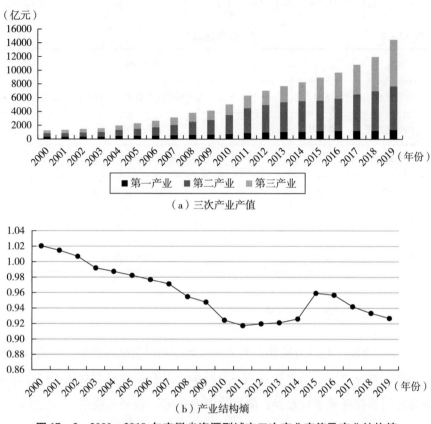

图 17 - 3 2000~2019 年安徽省资源型城市三次产业产值及产业结构熵

资料来源：相关年份《中国统计年鉴》及《安徽统计年鉴》。

17.3.1 变量选取

产业结构演变受到多种因素影响，参考已有研究（高远东，2015），并结合资源型城市产业结构的实际发展情况，本书试图从外资规模、人民生活水平、社会投资等方面探究其对产业结构演变的影响。将产业结构熵作为被解释变量，记为 H，将外资规模、人民生活水平、社会投资、劳动力数量、科技创新、政府干预作为影响产业结构熵的控制变量（见表 17 - 1），建立面板数据回归模型，模型设定如下：

$$H = \alpha_0 + \alpha_1 \ln(FDI) + \alpha_2 \ln(PCGDP) + \alpha_3 \ln(IN) + \alpha_4 \ln(LA) +$$

$$\alpha_5 \ln(RD) + \alpha_6 \ln(GOV) + \varepsilon \qquad (17-1)$$

表 17 – 1 　　　　　　　　　　　　　　变量选取

指标	变量	构建方法
外资规模	FDI	当年美元与人民币中间价折算的实际利用外资/GDP
人民生活水平	PCGDP	人均 GDP
社会投资	IN	全社会固定资产投资额/GDP
劳动力数量	LA	第三产业从业人员比重
科技创新	RD	财政科学事业费支出/ GDP
政府干预	GOV	政府公共财政支出/GDP

17.3.2　模型设定检验

利用 EViews 软件分别建立基于面板数据的混合估计模型、固定效应模型和随机效应模型，结果如表 17 – 2 所示。混合估计模型默认不同个体和截面之间不存在显著性差异，R^2 检验值为 0.92，模型可成立。

表 17 – 2 　　　　　　　　　　　　面板数据回归结果

被解释变量	产业结构熵（H）		
模型设定	混合估计模型	固定效应模型	随机效应模型
FDI	− 0.00134 （− 0.239815）	0.011898 ** （2.541542）	0.006371 （1.446945）
PCGDP	− 0.140828 *** （− 14.39423）	− 0.085589 *** （− 9.104022）	− 0.111201 *** （− 13.25843）
IN	0.061104 *** （3.897473）	0.069981 *** （5.18314）	0.059645 *** （4.696886）
LA	0.142308 *** （9.284718）	0.183378 *** （7.62755）	0.182541 *** （10.44445）

续表

被解释变量 模型设定	产业结构熵(H)		
	混合估计模型	固定效应模型	随机效应模型
RD	0.012261 * (1.745131)	0.005118 (0.855201)	0.00361 (0.631653)
GOV	0.051748 *** (3.186592)	− 0.044211 ** (− 2.159199)	0.020514 (1.289899)
c	2.633999 *** (21.96795)	1.942061 *** (16.58521)	2.282886 *** (22.56727)
参数联合检验		$Prob(F-stat)=0.0000$	$Prob(F-stat)=0.0000$
R^2	0.920458	0.961486	0.81829

注：*、** 和 *** 分别表示在10%、5%和1%水平上显著。

资料来源：相关年份《安徽统计年鉴》及《中国城市统计年鉴》。

利用 F 统计量检验选择建立混合回归模型，还是固定效应回归模型。经计算，$F = 17.18 > F_{0.01}$，推翻原假设，建立固定效应模型。与固定效应模型相比，随机效应模型相当于将固定效应中的截距分解为截面随机误差项和时间随机误差项，即各城市具有相同的截距项，个体差异主要反映在随机干扰项。利用豪斯曼统计量检验，豪斯曼统计量值46.71对应的 P 值是 0.000，即拒绝原假设。且随机效应 R^2 检验值为 0.82，小于固定效应 R^2 值 0.96，表明应选择固定效应模型对安徽省资源型城市产业结构影响因素进行研究。

17.3.3　估计结果分析

在综合考虑各参数和检验结果后，选取固定效应模型的估计结果为基础进行实证分析。从回归系数来看，除科技创新未通过显著性检验外，其余各因素对资源型城市产业发展的影响程度由大到小分别为：人民生活水平（−0.086）、劳动力数量（0.183）、社会投资（0.070）、政府干预（−0.044）、外资规模（0.012）。从影响因素显著性的作用看，一类是人民生活水平和政府干预，与产业结构熵显著负相关，促进产业结构专业化；另一类是社会投资、劳动力数量和外资规模，与产业结构熵显著正相关，促进产业结构多样化。具体来看有以下几个方面。

第一，人民生活水平在1%水平上与产业结构熵呈显著负相关，促进产业结构专业化发展。随着城市人民生活水平的提升，产业专业化水平逐步提高而多样化水平相对下降；随着城市人民生活水平的进一步提升，多样化水平进一步提升最终实现更高层次的专业化与多样化产业分工（邬丽萍，2021）。2000~2018年，安徽省第一产业占比呈下降趋势，第二、第三产业所占比重呈上升趋势，三次产业结构的重心逐渐向第三产业偏移，表明安徽省第三产业作为其经济增长主要动力的地位日益突出，随着人民生活水平的提高，产业结构专业化趋势日益明显。

第二，劳动力数量在1%水平上与产业结构熵呈显著负相关，促进产业结构专业化发展。人力资本不仅是经济增长的核心要素，也是产业结构转化的重要基础（张国强，2011）。安徽省劳动力逐渐由农业部门转移至工业和服务业部门，工业部门的就业结构逐渐向合理化发展，但其还存在着较大的吸纳就业潜能未发挥出来，而服务业部门的就业结构虽向合理化发展，其吸纳就业的能力已趋于饱和（徐应兰，2018）。可见，劳动力数量在第二产业发展中地位较为突出，在第一、第三产业中出现疲软现象，促进产业结构专业化发展。

第三，社会投资在1%水平上与产业结构熵呈显著负相关，促进产业结构专业化发展。投资及其结构调整是产业结构优化和升级的先导和杠杆，当前的产业结构主要取决于过去的投资结构，又决定着未来的产业结构，表明三次产业结构的变动同固定资产投资有一定的关系（耿修林，2010）。2000年以来，安徽省对第二、第三产业的固定资产投资额逐年增加。其三次产业投资结构处于"三、二、一"的发展阶段，第三产业逐渐在国民经济中占据主导地位且第二、第三产业产值与第一产业产值相差较大，形成了逐渐以第三产业为主导的产业结构专业化趋势。

第四，政府干预在5%水平上与产业结构熵呈显著负相关，促进产业结构多样化发展。政府干预，一方面，对生产资料和劳务的需求产生一定的作用，在一定时期内，可以增加市场的资本存量，为扩大社会再生产提供资本的支持；另一方面，由于政府对技术投资方面的引导和支撑，高新技术产业和新兴产业得以形成并不断地发展、壮大和成熟（周宏莉，2017），进而促进三次产业优化升级，推动产业结构多样化发展。

第五，外资规模在5%水平上与产业结构熵呈显著正相关，促进产业结构多样化发展。产业结构升级演变，需要大力引进外商投资来弥补现存的"产业结构缺口"（胡春燕，2007）。安徽省利用外资额占总投资额比重呈现逐步上升趋势，且从低附加值的资源密集型、劳动力密集型向资本密集型和技术密集型产业或行业转移（陈亚兰，2017），即由第一产业逐渐向第二、第三产业过渡和发展。外商直接投资于第二、第三产业的比例升高，有效促进了安徽省三次产业之间较强的经济技术联系，缩小了三次产业间的差距，对安徽省产业结构多样化起促进作用。

17.4 小结与建议

17.4.1 小结

运用动态偏离—份额分析法、产业结构熵以及面板数据回归模型，探讨2000年以来安徽省资源型城市三次产业结构素质变化，并探索产业结构演变的影响因素，得出以下两点结论。

第一，从三次产业结构发展水平上看，2000~2019年，安徽省各资源型城市第一、第二产业结构素质差异较大，但第一、第二产业结构偏离分量基本上位于水平轴上方，第一、第二产业结构素质高于全国平均水平，在全国处于优势地位；第三产业结构偏离分量始终位于水平轴下方，第三产业结构素质在全国始终处于劣势地位，内部结构有待优化。

第二，安徽省资源型城市产业结构整体向专业化方向发展。分析其影响因素可以看出：人民生活水平和政府干预水平的提高，对产业结构专业化发展起促进作用；社会投资、劳动力数量和外资规模的提高，对产业结构专业化起反向驱动作用，即推动产业结构多样化发展。

17.4.2　建议

安徽省各资源型城市应以《关于促进资源型城市转型与可持续发展的意见》为纲，加快培育壮大接续替代产业、加强环境整治和生态保护、进一步推进解决采煤沉陷区治理等突出社会问题，以促进资源型城市经济社会转型发展。

就第一产业而言，安徽省各资源型城市为更好发挥产业结构优势，应加大农业的技术创新的投入，加速农业产业化进程，并根据其自身资源优势，推进优势农业与第二、第三产业的有机结合，加大农业产业链的增收效益。在提升产业竞争力方面，应根据区位优势，培育具有其地区特色的品牌农业产业，如滁州市的鲜花产业，可不断优化社会投资结构，合理加大在区域农业配套设施建设上的投入，为其农业发展提供良好的环境，完善现代化农业体系。

就第二产业而言，安徽省各资源型城市为更好发挥产业结构优势，可优化外资投入结构，加大技术创新方面投入，积极改造传统产业，大力发展先进制造业，继续发挥特色工业优势，如宿州市与亳州市可培育技术密集型企业为主的产业集群，其中亳州市应发挥"中国药都"的优势，以中医药产业集聚地为基础，加速其产业结构的调整。在提升产业竞争力方面，应加大科技投入，增强政府干预的引导作用，合理发展接替产业，发展技术密集型产业，例如淮北市、淮南市与马鞍山市三市作为矿产资源丰富的地区，在发展过程中应加速传统制造业加工业的转型升级，延伸制造业产业链条，增强产业竞争力。

就第三产业而言，安徽省各资源型城市为更好发挥产业结构优势，可找准区域定位，发展地方特色的服务业，打造城市服务业品牌，适当调整社会投资与外资规模的内部结构，多方吸纳资金投入第三产业，完善现代化服务业体系，改善第三产业内部结构，推动经济持续增长。如池州市可加大旅游资源的开发利用，打造以九华山为核心的旅游特色，合理发展旅游业及相关配套产业，完善现代化服务体系；亳州市则可根据其特有的中医药文化，开拓相关文化旅游产品，推动旅游业发展。在提升产业竞争力方面，可提高和刺激社会消费水平，培育新的经济增长点，发展地方特色的服务业，增强竞争优势，拉动经济增长。

第 18 章　江西省资源型城市产业结构演变研究

18.1　研究区概况

从国家经济发展阶段来看，江西省目前处于工业化中后期，第二产业作为其支柱产业对当地经济的经济贡献占据了"半壁江山"。但江西省资源型城市发展中表现出的产业结构不合理、产业内部发展不协调、产业竞争力不足等问题严重阻碍了地区产业技术升级及产业转型发展。2021 年 2 月江西省人民政府印发的《江西省国民经济和社会发展第十四个五年规划和二〇三五年远景目标纲要》指出，"十四五"期间江西省要实现产业基础高级化、产业链现代化水平明显提高，农业基础更加稳固，制造业占比保持总体稳定，三次产业比例进一步优化调整为 7.5∶41.5∶51，为江西省未来产业发展提出了具体要求。①

18.2　产业结构素质演变实证研究

18.2.1　第一产业结构素质演变

2000~2019 年，江西省资源型城市第一产业结构偏离分量波动范围集

---

① 江西省国民经济和社会发展第十四个五年规划和二〇三五年远景目标纲要 [EB/OL]. 江西省发展和改革委员会网，http://drc. jiangxi. gov. cn/art/2021/2/19/art_19282_3193902. html，2021-02-19.

中在 - 5 ~ 25。根据其变化趋势，大致可划分为两种类型：第一类为宜春市和赣州市，其第一产业结构偏离分量始终位于水平轴上方，整体呈波动上升态势且波动幅度较大，第一产业结构素质高于全国平均水平，表明第一产业在全国优势地位显著。第二类为景德镇市、新余市及萍乡市，其第一产业结构偏离分量基本位于水平轴下方，整体呈波动下降态势但下降幅度较小，第一产业结构素质低于全国平均水平，表明其第一产业在全国处于劣势地位（见图 18 - 1）。

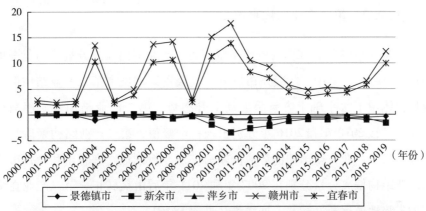

图 18 - 1　2000 ~ 2019 年江西省资源型城市第一产业结构偏离分量动态变化
资料来源：相关年份《中国统计年鉴》及《江西统计年鉴》。

　　江西省是中国传统农业大省，农村地域广、农民人口多，农业生产所依赖的气候条件优越。2006 年以来，江西省利用其自身的地理区位及自然资源优势，形成了 75 个农业产业集群，并吸引了相关企业聚集，农业发展态势良好。但目前江西省农业产业集群整体规模偏小，农业总体发展水平不高，2019 年全省农林牧渔业总产值为 3481.3 亿元，仅居全国第 18 位，农业竞争力不强，资源优势转化为相应经济优势的效果并不明显（蔡环宇，2020）。因此，江西省资源型城市第三产业基本上在全国处于劣势。特别是，对于赣州市和宜春市而言：赣州市加快发展现代化农业，推动赣南苏区振兴发展，提出加快打造"三大基地"全力发展现代农业，以市场为导向，以保障粮食安全和农民增收为目标，加大政策和资金扶持力度，引进推广良种良法，促使农产业结构优化、农业综合生产力和效益进一步提升，农业和农村经济在近几年一直保持稳定发展的良好势头（张斐斐等，2016）；宜春市地域广阔、土地资源丰富、土地类型多种多样、富硒土壤范围广，是江西省重要的农业生产基地和全国重要的商品粮、油茶和优质苎麻生产基地，农业生产在全省占有举足轻重的地位（陈云风，2014）。可见，二者具有其各自独特的资源优势，第一产业发展态势良好，在全国处于优势地位。

18.2.2 第二产业结构素质演变

2000～2019 年，江西省资源型城市第二产业结构偏离分量波动范围集中在 -15～25。其中，除赣州市以外，其余资源型城市第二产业结构偏离分量整体位于水平轴上方且呈波动上升态势，第二产业结构素质逐渐优化，并且在 2010 年和 2016 年分别出现一个峰值，第二产业结构素质相对较好，第二产业在全国的优势地位较为突出。特别地，宜春市和赣州市第二产业结构偏离分量分别在 2007 年和 2011 年后由负转正，第二产业在全国的劣势地位逐渐好转并占据优势（见图 18 - 2）。

新时期，江西省依靠得天独厚的地理位置、丰富的自然资源、相对低廉的劳动力成本，以及国家促进中部崛起、促进革命老区崛起、促进鄱阳湖经济区的发展和打造长江经济带等系列政策优惠（左荣昌，2016），在第二产业的承接及转型发展方面存在一定的优势。因此，第二产业的发展在全国整体处于优势地位。2010 年，随着研发投入的增加，江西省资源型城市技术创新能力不断增强，不断将先进的工艺和技术引入生产，极大提升了矿业企业的综合竞争力（谢英亮，2010），第二产业内部结构得到优化，产业素质有所提升。对于宜春市而言，其一直以农业著称，工业长期落后，导致在 2007 年之前第二产业结构不优。2013 年以后，宜春市努力克服工业底子薄、缺乏国有大型企业支撑等先天不足，科学应对国际国内经济波动带来的不利影响，把"打响工业产业升级三年强攻战"作为重要战略部署，聚焦园区主战场，壮大特色产业群，打造经济增长极，工业发展呈现稳中有进的发展势头。对于赣州市而言，赣州市曾经工业底子薄、基础弱、短板多，长期以来依靠稀土、钨等资源型产业发展，在国内经济进入新常态前，工业发展形势严峻。"十三五"期间，在主攻工业的火热实践中，赣州市形成了突出建设"两城两谷两带"、集中发展各地首位产业的发展思路，工业发展态势逐渐良好，产业布局得到优化，第二产业结构素质稳中有进。

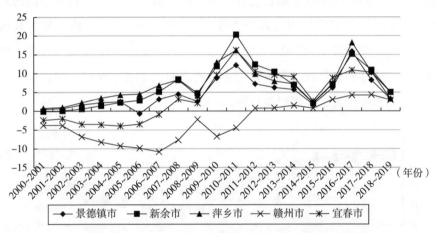

图 18 - 2　2000～2019 年江西省资源型城市第二产业结构偏离分量动态变化
资料来源：相关年份《中国统计年鉴》及《江西统计年鉴》。

18.2.3　第三产业结构素质演变

2000～2019 年，江西省资源型城市第三产业结构偏离分量波动范围集中在 -35～5，基本位于水平轴下方且呈波动下降态势，第三产业结构素质低于全国平均水平，表明其第三产业在全国不具备优势。其中，景德镇市 2005～2006 年第三产业结构偏离分量位于水平轴之上，第三产业结构得到短暂性的优化并高于全国平均水平，第三产业在全国处于优势。宜春市与其余资源型城市第三产业结构偏离分量差距较大，第三产业结构素质极不稳定且相对较差，表明第三产业在全国的劣势地位较为突出（见图 18 -3）。

江西省通过投资、消费、出口协调拉动经济增长。其中，服务业所占投资额比重一直以来位于前列。2008 年，江西省服务业投资总额占其全社会固定资产投资总额的 61.22%，在三次产业投资额中，服务业位于第一（熊赟，2009）。自国际金融危机爆发后，随着内外部环境的变化，全省投资后劲不足的问题日益明显，江西省服务业遭受严重创伤，产业结构素质发展不稳定，投资结构亟待进一步优化。江西省的房地产业、金融业、信息传输计算机软件业、租赁和商业服务业等现代服务业中的典型业态，在第三产业中的占比呈逐步增长之势，对江西省的第三产业和总体经济的发展起到了很好的带动作用（赖守美等，2014）。2015 年，江西省服务业固定资产投资完成额达到 7529.8 亿元，比 2010 年增长了 1.17 倍。其中，信息传输、软件和信息技术等现代服务业投资同比增长 1.6 倍，现代服务业产业规模不断扩大，发展势头良好。

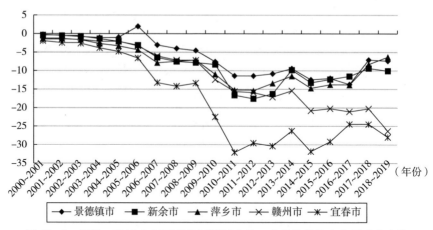

图 18 – 3　2000～2019 年江西省资源型城市第三产业结构偏离分量动态变化
资料来源：相关年份《中国统计年鉴》及《江西统计年鉴》。

18.3　产业结构演变影响因素分析

　　江西省资源型城市产业结构演变可划分为两个阶段，其与基于动态偏离—份额分析法的三次产业结构素质演变趋势相近。第一阶段为 2000～

2011 年，三次产业产值逐年增加，第二产业发展速度最快，并且第二产业与第一、第三产业之间差距逐渐拉大，是资源型城市经济发展的主要力量。产业结构熵值呈大幅下降态势，由 1.04 降至 0.89，产业结构向专业化方向发展。第二阶段为 2011～2019 年，第三产业发展速度加快，甚至超过第二产业的发展速度，且第三产业产值在三次产业中占比逐渐增大。产业结构熵值呈小幅上升态势，由 0.89 上升至 0.92，产业结构转向多样化方向发展（见图 18－4）。

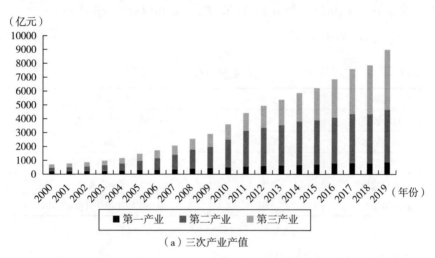

（a）三次产业产值

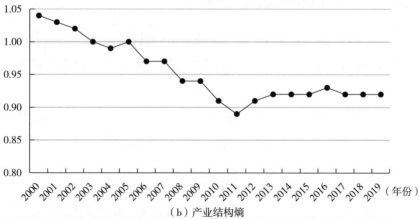

（b）产业结构熵

图 18－4　2000～2019 年江西省资源型城市三次产业产值及产业结构熵

资料来源：相关年份《中国统计年鉴》及《江西统计年鉴》。

18.3.1　变量选取

产业结构演变受多种因素影响，结合资源型城市产业结构的实际发展情况，试图从社会、经济、产业、人口、对外开放等方面探究其对产业结构演变的影响。将产业结构熵作为变量，记为 H，将社会投资、人民生活水平、产业结构、人口规模、外资规模作为影响产业结构熵的控制变量（见表 18 -1），建立面板数据回归模型，模型设定如下：

$$H = \alpha_0 + \alpha_1 \ln(IN) + \alpha_2 \ln(PCGDP) + \alpha_3 \ln(IS) + \alpha_4 \ln(PS) +$$
$$\alpha_5 \ln(FDI) + \varepsilon \tag{18 -1}$$

表 18 -1　　　　　　　　　　　　　变量选取

指标	变量	定义
社会投资	IN	全社会固定资产投资额/GDP
人民生活水平	$PCGDP$	人均 GDP
产业结构	IS	第三产业/GDP
人口规模	PS	年末总人口
外资规模	FDI	当年实际使用外资金额/GDP

18.3.2　模型设定检验

利用 EViews 软件分别建立基于面板数据的混合估计模型、固定效应模型，结果如表 18 -2 所示。混合估计模型默认不同个体和截面之间不存在显著性差异，R^2 检验值为 0.83，模型可成立。

利用 F 统计量检验选择建立混合回归模型还是固定效应回归模型。经计算，$F = 28.76 > F_{0.01}$，推翻原假设，建立固定效应模型。

18.3.3　估计结果分析

在综合考虑各参数和检验结果后，选取固定效应模型的估计结果为基础进行实证分析。从回归系数来看，各因素对资源型城市产业发展的影响程度由大到小分别为：人民生活水平（－3.300）、外资规模（－0.443）、社会投资（－0.071）、人口规模（0.008）、产业结构（0.006）。从影响因素显著性的作用看，一类是社会投资、人民生活水平和对外开放水平，与产业结构熵显著负相关，促进产业结构专业化；另一类是产业结构和人口规模，与产业结构熵显著正相关，促进产业结构多样化。具体来看有以下五个方面（见表 18－2）。

表 18－2　　　　　　　　　　　面板数据回归结果

变量 模型设定	产业结构熵(H)	
	混合估计模型	固定效应模型
IN	－0.084415 *** （－4.878820）	－0.071377 *** （－5.651303）
$PCGDP$	－0.00000002 *** （－3.893021）	－0.00000003 *** （－6.327738）
IS	0.002961 *** （3.838014）	0.006861 *** （9.151224）
PS	0.000269 *** （10.29606）	0.000850 ** （－3.853356）
FDI	－0.591752 ** （－2.632001）	－0.443166 *** （－2.424960）
c	0.860106 *** （31.03298）	0.526677 *** （5.636788）
参数联合检验	$Prob(F-stat)=0.0000$	$Prob(F-stat)=0.0000$
R^2	0.830006	0.925378

注：*、** 和 *** 分别表示在 10%、5% 和 1% 水平上显著。

资料来源：相关年份《江西统计年鉴》及《中国城市统计年鉴》。

第一，人民生活水平在 1% 的水平上与产业结构熵呈显著负相关，人民生活水平每提高 1%，产业结构专业化水平提升 3.300%。产业结构演进与经济增长相互联系、相互制约。一方面，合理的产业结构能够促进经济的增长，使经济发展达到更高的层次和发展水平；另一方面，经济的快速增长使得产业结构逐渐趋于专业化，使不同产业之间的比较优势能够互补，促进产业结构优化升级。因此，产业结构趋于专业化的演变过程不仅是社会经济得到长足进步的前提条件，也是人民生活水平提高的必然结果（陈佳宁，2020）。近年来，江西省人民生活水平的逐步提升，产业结构不断革新，有效提升了产业结构专业化水平。

第二，外资规模在1%的水平上与产业结构熵呈负相关，外资规模每提升1%，产业结构专业化水平提高0.443%。江西省累计实际使用外资中，第二产业尤其是工业是外商投资的重点领域，虽然近年来外资流向第三产业的规模在不断扩大，但仍远低于第二产业；加之江西省引用外资的质量不高，缺乏核心技术和自主创新能力，导致产业发展的主导权和决定权受限于外商（赵艺，2012），进而产业结构多样化发展受到一定限制。

第三，社会投资在1%的水平上与产业结构熵呈显著负相关，社会投资每提高1%，产业结构专业化水平提升0.071%。在江西省经济发展的过程中，投资发挥着重要的作用。服务业占三次产业投资额比重较大，一直以来均位于前列。在江西省资源型城市快速转型的背景下，其社会投资总额不断增加，充足的资金促进产业所需的先进技术与管理水平的提升，加快了服务业现代化发展进程，使得第三产业占三次产业比重进一步扩大，促进产业结构向专业化水平发展。

第四，人口规模在5%的水平上与产业结构熵呈显著正相关，人口规模每提升5%，产业结构多样化水平提高0.009%。江西省积极引导公益性服务业与经营性服务业全面发展，努力拓展服务业领域，创造出更多的就业机会（熊赟，2009）。随着江西省资源型城市人口规模的逐渐扩大，大量劳动力涌现，服务业成为吸纳劳动力的主要渠道，进而推动了以服务业为主的第三产业的发展，为产业结构多样化创造了条件。

第五，产业结构在1%的水平上与产业结构熵呈显著正相关，第三产业占GDP比重每提高1%，产业结构多样化水平提高0.007%。江西省资源型城市第三产业占GDP比重逐渐提高，其资源型城市由原来的工业主导型经济向服务主导型经济转变，在此过程中，第二、第三产业比重逐渐均衡，经济发展的主要力量不再局限于单一的产业，产业结构朝着多样化方向发展。

18.4　小结与建议

18.4.1　小结

运用动态偏离—份额分析法、产业结构熵、面板数据回归模型对 2000～2019 年江西省资源型城市社会经济发展过程中产业结构演变及影响因素进行研究，得出以下两点结论。

第一，从三次产业结构发展水平上看，江西省资源型城市第一产业结构偏离分量基本上位于水平轴下方，产业结构素质低于全国平均水平，但在 2009 年以后整体呈现向好发展态势；第二产业结构偏离分量基本上位于水平轴上方，与全国平均水平相比具备一定的优势，但受国际国内经济环境影响波动幅度较大；第三产业结构偏离分量整体位于水平轴下方，第三产业素质低于全国平均水平，在 2013 年后产业结构素质虽有所回升，但第三产业始终在全国处于劣势。

第二，江西省资源型城市产业结构整体呈专业化方向发展。分析其影响因素可以发现：社会投资、人民生活水平和外资规模扩大对于江西省资源型城市产业结构专业化发展影响显著，产业结构、人口规模提高对产业结构专业化起反向驱动作用，即推动产业结构多样化发展。

18.4.2　建议

第一，江西省应积极把握国家政策，响应《促进中部地区崛起规划（2016～2025 年）》政策，加快改革开放和体制机制创新，不断增强发展动力和活力。进一步完善支持中部崛起的政策体系，把城市打造成全国重要先进制造业中心、全国新型城镇化重点区、全国现代农业发展核心区、全国生态文明建设示范区、全方位开放重要支撑区，整体促进江西省资源型城市产业结构优化转型，加快经济发展速度。

第二，随着江西省电子信息产业业务的进一步突破，VR、物联网、大数据、5G等数字产业蓬勃发展。江西省应把握机会，加大第三产业社会投资力度，制定优良政策，为吸引外资营造良好环境并引导外资投资方向。并且以核心技术、关键技术研发为着力点，建设现代装备制造业及高技术产业基地，增强自主创新能力，提升装备制造业整体实力和水平，加快发展高技术产业，以高新技术和先进适用技术改造传统产业，从而促进江西省产业结构多样化，为资源型城市产业结构转型升级奠定基础。

第三，推进江西省资源型城市产业结构多样化发展，还需继续扩大人口规模，提升人口素质，优先发展教育，繁荣文化体育事业，增强基本医疗和公共卫生服务能力，千方百计扩大就业，完善社会保障体系，从而促进以服务业为主的第三产业进一步发展，有利于江西省资源型城市产业结构趋向多样化。

第 19 章　湖北省、湖南省资源型城市产业结构演变研究

19.1　研究区概况

湖北省、湖南省资源型城市长期以来作为能源和原材料的供应地，为两省经济社会发展作出了积极贡献。2017 年，湖北省、湖南省地区生产总值分别居全国第七位和第九位，经济增速均高于全国平均水平。但同时，资源枯竭、产业结构单一、生态破坏严重等问题逐渐显现，成为制约资源型城市发展的主要因素。2010 年出台的《湖北省人民政府关于促进资源枯竭城市可持续发展的实施意见》中指出，要改造提升传统优势产业，充分挖掘现有工业基础优势；大力发展接续替代产业，贯彻落实《湖北省十个重点产业调整和振兴实施方案》，着力推进产业结构优化升级，降低对资源的依赖度；建立现代产业体系。[①] 2012 年出台的《湖南省人民政府关于促进资源型城市可持续发展的实施意见》中指出，建立资源型城市可持续发展的长效机制。支持资源型城市争取国债资金和中央预算内基本建设资金，集中扶持建设一批能够充分吸纳就业、资源综合利用和发展接续替代产业的项目。[②] 这些政策举措为湖北省、湖南两省资源型城市的产业发展指明了方向。

---

① 湖北省人民政府关于促进资源枯竭城市可持续发展的实施意见 ［EB/OL］. http：//fgw. hg. gov. cn/art/2010/7/6/art_14975_438973. html, 2010 - 07 - 06.

② 湖南省人民政府关于促进资源型城市可持续发展的实施意见 ［EB/OL］. http：//www. hunan. gov. cn/xxgk/wjk/szfwj/201207/t20120725_4824522. html, 2012 - 07 - 13.

19.2 产业结构素质演变实证研究

19.2.1 第一产业结构素质演变

2000～2019 年，湖北省、湖南省第一产业结构偏离分量波动范围分别集中在 -3.4～3、0～25。除黄石市外，两省资源型城市第一产业结构偏离分量基本位于水平轴上方，第一产业结构素质高于全国平均水平。根据其变化趋势，大致可分为两个发展阶段：2000～2011 年，两省资源型城市第一产业结构偏离分量呈波动上升态势，表明其第一产业在全国的优势地位突出；2011～2019 年，两省资源型城市第一产业结构偏离分量呈波动下降态势，表明第一产业结构素质逐渐弱化，但仍在全国处于优势地位。黄石市第一产业结构偏离分量基本位于水平轴下方，根据其变化趋势可分为两个阶段：2000～2018 年，其第一产业结构偏离分量呈波动上升态势，表明第一产业逐步呈向好发展；2018～2019 年，其第一产业结构偏离分量大幅下降，表明第一产业在全国依然不具备优势（见图 19-1、图 19-2）。

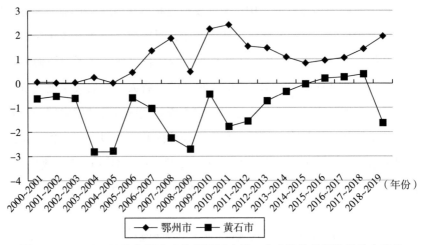

图 19-1　2000～2019 年湖北省资源型城市第一产业结构偏离分量动态变化
资料来源：相关年份《中国统计年鉴》及《湖北统计年鉴》。

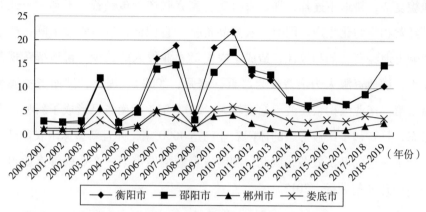

图 19 - 2　2000～2019 年湖南省资源型城市第一产业结构偏离分量动态变化

资料来源：相关年份《中国统计年鉴》及《湖南统计年鉴》。

　　湖北省位于我国中部、长江中游，地理位置优越，是我国重要的农产品商品基地。但当前湖北大部分农村仍实行一家一户为基础的小规模、低市场化、粗放型的传统农业生产模式，农业现代化程度较低。与山东、广东、江苏等农业发达的省份和地区相比，湖北省的农业在经济效益和现代化程度等方面还存在着较大差距（张恒，2015）。为进一步发展农业，国家在全国范围取消农业税等各种财政政策来补助农业的发展，使得湖北省农业总产值全面增长，农业结构调整稳步推进，农民年人均纯收入逐年增加，农业机械化水平逐年提高，农业产业化龙头企业快速发展，农业发展质量提高。黄石市作为传统重工业城市，还受到地理位置的限制，对农业特别是特色农业的发展一直缺少系统性规划，近年来，黄石市政府注重大力发展特色农业深加工产业，助推黄石特色农业大变革，促使其农业发展增产又增效，产业结构逐步优化，产业结构素质有所提升。

　　湖南省地理位置优越，水资源丰富，山区、丘陵、平原、山间盆地广有分布，自然和地理条件独特，形成了具有不同圈层结构的农业生产环境，生产了具有鲜明特色的原产地名特优产品，是全国农业大省之一（陈海龙，2020）。2000 年以来，随着人口的增长，城市化步伐的加快、乡镇企业的发展以及农村居住条件的改善，大量耕地被占用，且由于湖南地形地貌复杂，耕地不连片，加之农村实行家庭联产承包经营，不利于土地规模经营和集约化生产。同时，农产品价格一直偏低，耕地收益下降，严重影响土地经营者的积极性，造成了农民对农业投入的减少，耕地撂荒现象发生，耕地资源人为浪费较为严重（张强，2002）。因此，湖南省资源型城市第一产业结构素质波动幅度较大。2011年，湖南省已形成了新型产业形态，具备初步产业形态的休闲农业已达4000家，并且新型休闲农业已经达到了一定的经济效益，因此，湖南省资源型城市第一产业就够素质得到稳步提升（赵蒙等，2012）。

19.2.2　第二产业结构素质演变

2000～2019年，湖北省、湖南省第二产业结构偏离分量波动范围分别集中在0～27.5、－20～40。根据其变化趋势，可将各资源型城市划分为两种类型：第一类型为湖北的鄂州市、黄石市，其第二产业结构偏离分量始终位于水平轴上方且呈波动上升态势，第二产业结构素质逐渐优化，表明其第二产业在全国的优势地位逐渐增强。第二类为郴州市、娄底市，其第二产业结构偏离分量由负转正，第二产业结构素质逐渐优化，第二产业在全国的劣势地位逐渐消失并占据优势。第三类为衡阳市、邵阳市，其第二产业结构偏离分量呈波动上升态势，但大部分时段均位于水平轴下方，第二产业在全国处于劣势（见图19－3、图19－4）。

2004年，湖北省对八大行业实施战略性调整，高新技术产业逐渐成为工业发展的主要内容，全年工业高新技术产业增加值较上年增加25.8%。2006年是湖北省工业建设的转型发展的重要开端，同年4月，国务院颁布实施《关于促进中部地区崛起的若干意见》，明确了"三个基地、一个枢纽"的定位，标志着这一国家层面的区域发展战略正式启动，湖北省的工业化发展进入由传统重工业为主的工业体系向新型工业体系的转变期，第二产业结构偏离分量开始小幅上升，第二产业结构素质逐渐优化。2018年，湖北省新型工业化体系基本成型，以信息产业为主要内容的高新技术产业快速发展（邬昶俊等，2019），为今后推动湖北省农业结构调整和发展方式转变奠定良好的基础。

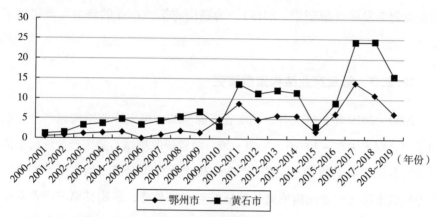

图 19 – 3 2000～2019 年湖北省资源型城市第二产业结构偏离分量动态变化
资料来源：相关年份《中国统计年鉴》及《湖北统计年鉴》。

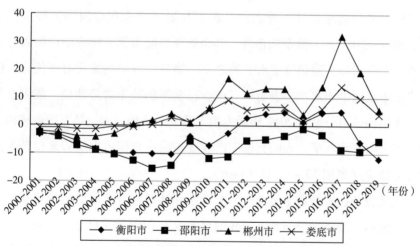

图 19 – 4 2000～2019 年湖南省资源型城市第二产业结构偏离分量动态变化
资料来源：相关年份《中国统计年鉴》及《湖南统计年鉴》。

湖南省素称"鱼米之乡"，享有"湖广熟，天下足"之美誉。近年来，湖南省坚定先进制造业发展不动摇，抓住新一轮科技革命和产业变革机遇，布局钢铁、轨道交通、工程机械等重点产业，加快供给侧结构性改革，加快企业转型升级和智能改造；用智能技术推进传统产业转型升级。

自 2011 年起，湖南省财政连续五年每年新增 1 亿元专项资金，扶持粮油深加工及物流千亿产业的发展。鼓励粮油加工企业不断延伸产业链，支持粮油企业创新发展（黎望华，2019），为湖南省第二产业的转型发展提供了良好实例。

19.2.3 第三产业结构素质演变

2000～2019 年，湖北省、湖南省资源型城市第三产业结构偏离分量波动范围分别集中在 -40～0、-40～20。两省资源型城市第三产业结构偏离分量基本位于水平轴下方，第三产业结构素质低于全国平均水平。湖北省资源型城市第三产业结构偏离分量呈波动下降趋势，表明其第三产业在全国的劣势地位更加凸显。湖南省资源型城市第三产业结构偏离分量根据其变化趋势大致可分为两个发展阶段：2000～2017 年，各资源型城市第三产业结构偏离分量呈波动下降态势，表明其第三产业在全国的劣势地位突出；2017～2019 年，除衡阳市外，其余资源型城市第三产业结构偏离分量呈波动上升态势，但仍位于水平轴之下，第三产业结构素质有所优化，但始终低于全国平均水平，表明第三产业在全国仍处于劣势地位。衡阳市第三产业结构偏离分量在 2017 年后大幅上升至水平轴之上，第三产业结构素质高于全国平均水平，表明其第三产业逐步由在全国占据劣势地位转为占据优势地位（见图 19-5、图 19-6）。

现代服务业发展水平是衡量一个国家和地区综合竞争力和现代化程度的重要标志。经济发展新常态下我国服务业占 GDP 比重已超过工业，并处于主导地位，但湖北省服务业对经济拉动作用并不显著。近年来，湖北省服务业规模不断扩大，但现代服务业发展水平略低，生产性服务业长期以来是湖北服务业发展的短板，一些具有高技术含量和高附加值的信息咨询服务、检测认证、文化创意、新型消费等新兴服务行业尚未形成规模和竞争优势。另外，在金融、通信、教育、医疗、文化、体育等领域对内对外开放程度不高，从而不能完全激发市场活力（连昌帅等，2017）。湖北省服务业发展更加依赖于传统行业，其现代化水平较低。此外，湖北省服务业发展相对滞后，对劳动力的吸引力不足，同时也意味着阻碍劳动力自由流动的体制机制束缚依然强大，就业规模反向限制了服务业的发展潜力（史俊男等，2015）。

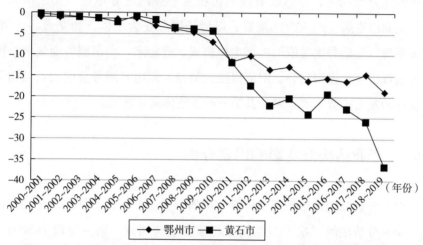

图 19－5　2000～2019 年湖北省资源型城市第三产业结构偏离分量动态变化
资料来源：相关年份《中国统计年鉴》及《湖北统计年鉴》。

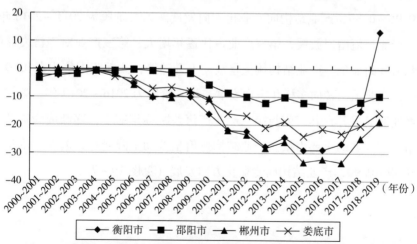

图 19－6　2000～2019 年湖南省资源型城市第三产业结构偏离分量动态变化
资料来源：相关年份《中国统计年鉴》及《湖南统计年鉴》。

自金融危机之后，湖南省服务业对经济增长的贡献总体上保持增长态势。2015 年，第三产业对经济增长贡献首度超过第二产业，贡献率高达到53.5%。但在湖南省服务业发展过程中，由于产业结构不尽合理，产业组织水平偏低；体制机制不完善，企业发展环境欠佳；对外开放程度偏低，竞争不充分等问题，依然没有摆脱传统服务业的主导地位，无法形成支柱。从湖南省第三产业内部来看，以传统服务业为主体，如交通、仓储、批发零售、住宿餐饮等依旧占据主体位置。近年来，湖南服务业规模总体来说表现出逐年递增趋势，但值得注意的是，湖南省服务业的投资结构仍呈良好的发展态势，有望带动其第三产业整体向好发展。

19.3 产业结构演变影响因素分析

湖北省资源型城市产业结构演变可划分为三个阶段，其与基于动态偏离—份额分析法的三次产业结构素质演变趋势相近。第一阶段为 2000～2011 年，三次产业产值逐渐增加，第二产业占三产比重最大，对资源型城市经济发展贡献最大。产业结构熵值呈大幅波动下降态势，波动范围集中在 0.96～0.89，产业结构向专业化方向发展。第二阶段为 2011～2016 年，第二产业产值增速放缓，第三产业占比逐年增大，第三产业对经济发展的贡献力开始显现。产业结构熵值呈波动上升趋势，波动范围集中在 0.89～0.93，产业结构转向多样化方向发展。第三阶段为 2016～2019 年，第三产业增速明显提升，其产值与第二产业产值差距逐年缩小，逐渐成为资源型城市经济发展的重要力量。产业结构熵值呈波动下降趋势，波动范围集中在 0.89～0.90，产业结构向专业化方向发展（见图 19-7）。

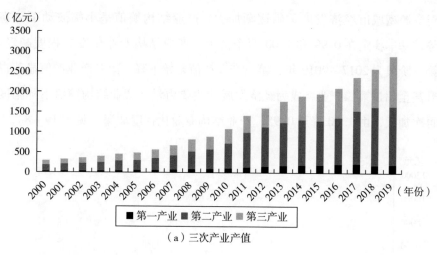

（a）三次产业产值

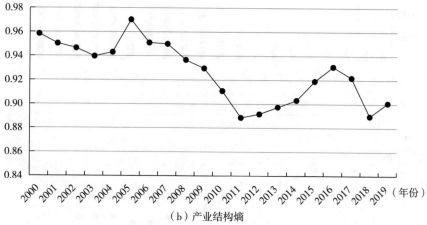

（b）产业结构熵

图 19－7 2000～2019 年湖北省资源型城市三次产业产值及产业结构熵

资料来源：相关年份《中国统计年鉴》及《湖北统计年鉴》。

　　湖南省资源型城市产业结构演变可划分为三个阶段，其与基于动态偏离—份额分析法的三次产业结构素质演变趋势相近。第一阶段为 2000～2011 年，三次产业产值逐年递增，第二、三产业产值增速较为明显，第二产业占比较大，对资源型城市经济发展贡献最大。产业结构熵值呈大幅波动下降态势，波动范围集中在 1.09～1.00，产业结构向专业化方向发展。第二阶段为 2011～2017 年，第二产业发展速度减缓，其产值增加幅度较小；第三产业发展速度加快，其产值占三次产业比重显著增加，第三产业对资源型城市经济发展贡献逐渐加大。产业结构熵值呈小幅波动下降态势，基本稳定在 0.99 和 1.00 两个值上，产业结构专业化发展程度减轻。第三阶段为 2017～2019 年，第二产业产值开始下降，第三产业产值显著提升甚至超过第二产业，成为经济发展的主要力量。产业结构熵值下降幅度再次加大，由 1.00 降至 0.95，产业结构专业化程度加深（见图 19－8）。

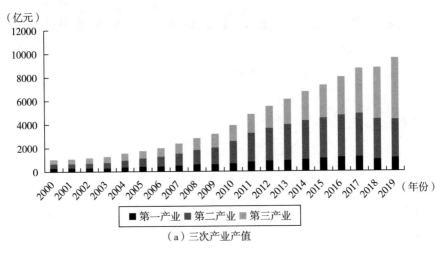

（a）三次产业产值

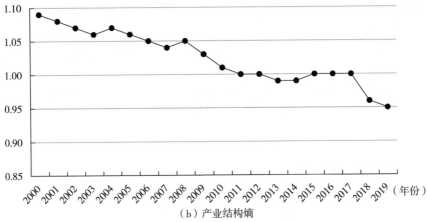

（b）产业结构熵

图 19－8　2000～2019 年湖南省资源型城市三次产业产值及产业结构熵

资料来源：相关年份《中国统计年鉴》及《湖南统计年鉴》。

19.3.1　变量选取

产业结构演变受多种因素影响，本书结合资源型城市产业结构的实际发展情况，试图从社会、经济、产业、人口、对外开放等方面探究其对产业结构演变的影响。将产业结构熵作为变量，记为 H，将社会投资、人民生活水平、产业结构、人口规模、外资规模作为影响产业结构熵的控制变量（见表 19 - 1），建立面板数据回归模型，模型设定如下：

$$H = \alpha_0 + \alpha_1 \ln(IN) + \alpha_2 \ln(PCGDP) + \alpha_3 \ln(IS) + \alpha_4 \ln(PS) +$$
$$\alpha_5 \ln(FDI) + \varepsilon \qquad\qquad (19 - 1)$$

表 19 - 1　　　　　　　　　　变量选取

指标	变量	定义
社会投资	IN	全社会固定资产投资额/GDP
人民生活水平	$PCGDP$	人均 GDP
产业结构	IS	第三产业/GDP
人口规模	PS	年末总人口
外资规模	FDI	当年美元与人民币中间价折算的实际利用外资/GDP

19.3.2　模型设定检验

利用 EViews 软件分别建立基于面板数据的混合估计模型、固定效应模型，结果如表 19 - 2 所示。混合估计模型默认不同个体和截面之间不存在显著性差异，模型可成立。

表 19 - 2　　　　　　　　　　面板数据回归结果

变量 模型设定	产业结构熵(H)	
	混合估计模型	固定效应模型
IN	0.001523 (0.090424)	- 0.016523 (- 1.154598)

续表

变量 模型设定	产业结构熵(H)	
	混合估计模型	固定效应模型
$PCGDP$	-0.00000002 *** (-8.039900)	-0.00000001 *** (-5.141426)
IS	0.002473 *** (3.978019)	0.002456 *** (4.557185)
PS	0.000223 *** (13.06079)	-0.0000654 (0.389394)
FDI	-0.901958 *** (-3.465464)	-0.860937 ** (-2.865320)
c	0.873290 *** (37.16503)	1.003134 *** (12.54565)
参数联合检验	$Prob(F-stat)=0.0000$	$Prob(F-stat)=0.0000$
R^2	0.791947	0.907126

注：*、** 和 *** 分别表示在 10%、5% 和 1% 水平上显著。

资料来源：相关年份《湖北统计年鉴》《湖南统计年鉴》及《中国城市统计年鉴》。

利用 F 统计量检验选择建立混合回归模型还是固定效应回归模型。经计算，$F=4.57>F_{0.01}$，推翻原假设，建立固定效应模型。

19.3.3 统计结果分析

在综合考虑各参数和检验结果后，选取固定效应模型的估计结果为基础进行实证分析。从回归系数来看，除社会投资水平、人口规模未通过显著性检验外，其余各因素对资源型城市产业发展的影响程度由大到小分别为：人民生活水平（-1.110）、外资规模（-0.861）、产业结构（0.002）。从影响因素显著性的作用看，一类是人民生活水平和对外开放水平，与产业结构熵呈显著负相关，促进产业结构专业化；另一类是产业结构，与产业结构熵呈显著正相关，促进产业结构多样化。具体来看有以下三点。

第一，人民生活水平在 1% 的水平上与产业结构熵呈显著负相关，人民生活水平每提高 1% ，产业结构专业化水平提升 1.110% 。研究表明，产业专业化水平逐步提高而多样化水平相对下降是经济发展的必然趋势。2000～2019 年，湖北省、湖南省三次产业结构中第二产业所占比值最大且与第一、第三产业相比存在一定差距，是经济发展的主要力量；湖南省后期第三产业快速发展，逐渐取代第二产业的核心地位，产业结构始终向专业化方向发展。

第二，外资规模在 5% 的水平上与产业结构熵呈负相关，外资规模每提升 1% ，产业结构专业化水平提高 0.861% 。外商直接投资作为国际资本流动的主要方式，对地区经济的影响和作用日益突出，其带来的先进技术、人力资本以及生产管理经验，可有效促进地区产业结构升级（徐可莉，2014）。湖南省、湖北省工业为主导产业，三次产业中第二产业占外资比例较大，随着外资规模的不断扩大，第二产业发展占据相对优势，产业结构向专业化方向发展。

第三，产业结构在 1% 的水平上与产业结构熵呈显著正相关，第三产业占 GDP 比重每提高 1% ，产业结构多样化水平提高 0.002% 。随着人民生活水平的不断提高，湖南、湖北两省资源型城市第三产业占 GDP 比重呈上升趋势，现代化及新兴服务业发展壮大，产业结构不断优化。湖南省、湖北两省资源型城市经济正在由原来的工业主导型经济向服务主导型经济转变，在转变的过程中，产业结构向多样化方向发展。

19.4　小结与建议

19.4.1　小结

运用动态偏离—份额分析法、产业结构熵、面板数据回归模型对 2000～2019 年湖南省、湖北省资源型城市社会经济发展过程中产业结构素质及影响因素进行研究，得出以下两点结论。

第一，从三次产业结构发展水平上看，除黄石市外，湖南省、湖北省资源型城市第一产业结构偏离分量基本上位于水平轴上方，第一产业结构素质高于全国平均水平；第二产业结构偏离分量基本位于水平轴上方，第二产业结构整体上高于全国平均水平；第三产业结构素质与全国平均水平相比不具备优势，但湖南省2013年以来向好发展态势凸显，第三产业结构优势逐步显现。

第二，湖北省、湖南省资源型城市产业结构整体趋向专业化方向发展。分析其影响因素可以发现：经济发展水平和外资规模扩大对于两省资源型城市产业结构专业化发展影响显著；产业结构升级对产业结构专业化起反向驱动作用，即促进产业结构多样化发展。

19.4.2 建议

第一，在当前经济下行压力加大背景下，湖北省、湖南省须坚持以习近平新时代中国特色社会主义思想为指导，通过体制创新、优化经济系统治理能力，推进经济的高质量发展；牢固树立并切实贯彻创新、协调、绿色、开放、共享的发展理念，推进新改革，深化供给侧结构性改革，淘汰落后产业，积极发展大数据、信息科技等第三产业，促进产业结构专业化水平的提升。

第二，湖北省、湖南省资源型城市应积极响应国家人才引进计划，优化创新环境，加大吸引人才力度，改善人才流失状况，支持鼓励大学生、科技人员、海外高层次人才以及外出务工人员在本地创业，推进创新城市和智慧城市的创建，从而促进经济的可持续发展；要抓住中部崛起战略中的重大机遇，夯实制造业基础，延伸产业链；积极发展先进制造业，承接沿海地区的转移产业等，促进资源型城市的创新发展。

第三，湖北省、湖南省资源型城市应利用区位优势，加快"走出去"步伐，全力把握"一带一路"倡议的重要机遇，以更高水平开放推动创新发展、产业结构优化转型。积极鼓励企业抱团发展，在合作中寻求更进一步的发展。

参考文献

［1］ 安徽省政府．《安徽省矿产资源总体规划（2016～2020年）》［EB/OL］，2017－10－24.

［2］曹海霞，王宏英．新形势下山西煤炭产业转型发展路径研究［J］．中国煤炭，2015，41（1）：6－10.

［3］曹焕俊．中部六省产业结构比较分析及优化升级对策研究［D］．南昌：南昌大学，2010.

［4］曹丽平．中部六省生态文明建设指标体系与测度研究［D］．郑州：郑州大学，2015.

［5］蔡环宇．浅谈全球价值链理论下江西省农业产业集群发展策略［J］．农村经济与科技，2020，31（21）：220－222.

［6］蔡宁．国外环境与经济协调发展理论研究［J］．环境工程学报，1998（2）：66－72.

［7］陈海龙．农业地质研究现状及未来发展方向的思考——以湖南农业地质为例［J］．国土资源导刊，2020，17（4），13－17.

［8］陈佳宁，贾培煜．河南省资源型城市协调发展及影响因素［J］．河北环境工程学院学报，2020，30（4）：7－12＋16.

［9］陈思聪．湖南服务业发展的现状、问题和趋势分析［J］．现代经济信息，2016（4）：462.

［10］陈亚兰．FDI对安徽省产业结构升级的影响研究［D］．昆明：云南财经大学，2017.

［11］陈云风. 宜春市现代农业发展路径与对策［J］. 现代农业科技，2014，（3），299－300＋302.

［12］陈晓红，周宏浩，王秀. 基于生态文明的县域环境—经济—社会耦合脆弱性与协调性研究——以黑龙江省齐齐哈尔市为例［J］. 人文地理，2018，33（1）：94－101.

［13］陈祖海，熊焰. 基于环境与经济协调发展的环境容量分析［J］. 中南民族大学学报（自然科学版），2006（2）：103－105.

［14］成金华，尤喆. "山水林田湖草是生命共同体"原则的科学内涵与实践路径［J］. 中国人口·资源与环境，2019，29（2）：1－6.

［15］程利华. 安徽现代服务业发展状况及在全国的地位［J］. 中国统计，2012，60（11）：40－41.

［16］种国双，段珺，高振，等. 中国三大产业结构演进规律与发展趋势研究［J］. 科学管理研究. 2020，38（2）：84－90.

［17］储昭斌. 基于比较优势视角的安徽农业现代化发展路径和对策［J］. 农业现代化研究，2013，34（2）：154－158.

［18］崔芸. 河南现代服务业发展的影响因素及对策研究［D］. 开封：河南大学，2012.

［19］党建华，瓦哈甫·哈力克，张玉萍，等. 吐鲁番地区人口—经济—生态耦合协调发展分析［J］. 中国沙漠，2015，35（1）：260－266.

［20］戴云菲. 可持续发展理论文献综述［J］. 商，2016（13）：111.

［21］邓小华. 安徽农产品出口现状、问题与对策［J］. 农业经济问题，2008，29（2）：65－68.

［22］董锁成，史丹，李富佳，等. 中部地区资源环境、经济和城镇化形势与绿色崛起战略研究［J］. 资源科学，2019，41（1）：33－42.

［23］段海燕，肖依静，丁哲，王宪恩. 区域人口、经济、能源环境协调发展情景预测研究［J］. 人口学刊，2017，39（2）：47－56.

［24］段新，戴胜利，廖凯诚. 区域科技创新、经济发展与生态环境

的协调发展研究——基于省级面板数据的实证分析［J］．科技管理研究，2020，40（1）：89－100．

［25］段永蕙，景建邦，张乃明．山西省人口、资源环境与经济协调发展分析［J］．生态经济，2017，33（4）：64－68＋79．

［26］戴永安，陈才．东北地区城市化与产业结构演进的互动机制研究［J］．东北大学学报（社会科学版）．2010，12（6）：511－517．

［27］范恒山．中部地区实现全面崛起的挑战与重点路径［J］．区域经济评论，2018，33（1）：12－15．

［28］高远东，张卫国，阳琴．中国产业结构高级化的影响因素研究［J］．经济地理，2015，35（6）：96－101＋108．

［29］甘泉．安徽省工业发展状况的实证分析［J］．华东经济管理，2007，22（4）：20－24．

［30］耿修林．固定资产投资对产业结构变动的影响分析［J］．数理统计与管理，2010，29（6）：1104－1114．

［31］郭妮娜．浅析我国水资源现状、问题及治理对策［J］．安徽农学通报，2018，24（10）：79－81．

［32］郭利利．河南省城镇居民消费结构的统计分析［D］．开封：河南大学，2012．

［33］关伟，蔚振杰．辽宁沿海经济带产业结构分析［J］．地域研究与开发，2011，30（4）：21－25．

［34］韩瑞玲，朱绍华，李志勇．基于物质流分析方法的唐山市经济与环境关系的协整检验和分解［J］．应用生态学报，2015，26（12）：3835－3842．

［35］韩毅．河南省工业发展现状分析［J］．北方经贸，2016（4）：52－53．

［36］韩永辉，黄亮雄，王贤彬．产业结构升级改善生态文明了吗——本地效应与区际影响［J］．财贸经济，2015（12）：129－146．

［37］韩振兴. 劳动力转移背景下山西省现代农业发展问题研究［J］. 山西农业大学学报（社会科学版），2014，13（3）：245-249.

［38］河南省社会科学院工业经济研究所课题组. 国际金融危机对河南工业的影响及对策［J］. 中州学刊，2009（2）：62-66.

［39］何一农，胡适耕. 环境污染、内生人口增长与经济增长模型［J］. 华中科技大学学报（自然科学版），2004（9）：114-116.

［40］洪开荣，浣晓旭，孙倩. 中部地区资源—环境—经济—社会协调发展的定量评价与比较分析［J］. 经济地理，2013，33（12）：16-23.

［41］胡春燕. 利用外商直接投资优化我国产业结构分析［D］. 湘潭：湘潭大学，2002.

［42］胡彦纳. 河南省第三产业发展水平的综合评价研究［D］. 开封：河南大学，2011.

［43］胡郿谷. 农村耕地资源浪费现象之浅思［J］. 山西农经，2016（13）：35.

［44］黄承梁. 习近平新时代生态文明建设思想的核心价值［J］. 行政管理改革，2018（2）：22-27.

［45］黄国勤. 中部地区生态文明建设的成就、问题及对策［J］. 中国井冈山干部学院报，2019，12（6）：113-121.

［46］黄杰龙，幸绣程，王立群. 森林生态旅游与生态文明的协调关系及其影响因素——以湖南省为例［J］. 林业经济，2018，40（4）：56-62.

［47］黄磊，吴传清，文传浩. 三峡库区环境—经济—社会复合生态系统耦合协调发展研究［J］. 西部论坛，2017，27（4）：83-92.

［48］黄婷，董召荣，姚佐文，等. 推进安徽现代农业发展的重要途径——发展多功能农业［J］. 安徽农业科学，2011，39（20）：12476-12479.

［49］黄新焕，王文平，蔡彬清. 我国能源—经济—环境系统协调发展评价［J］. 统计与决策，2015（9）：68-70.

［50］黄显林. 财税政策演进对地区产业结构发展水平的影响研究——基于分权背景下的省级面板数据分析［J］. 经济经纬, 2013 (6): 149 – 155.

［51］胡明晖, 楚明超, 康艳, 等. 科技创新推动河南经济高质量发展研究［J］. 河南科学, 2019, 37 (3): 470 – 476.

［52］吉新峰. 中国区域协调发展战略效应评价［D］. 西安: 西北大学, 2011.

［53］贺嘉, 许芯萍, 张雅文, 等. 流域"环境—经济—社会"复合系统耦合协调时空分异研究——以金沙江为例［J］. 生态经济, 2019, 35 (6): 131 – 138.

［54］贾培煜, 陈佳宁, 解智涵, 等. 山西省生态—资源—经济协调演化特征［J］. 经济管理, 2019 (5): 6 – 10.

［55］贾培煜, 陈佳宁. 山西省生态脆弱区生态、资源、经济协调发展时空变化［J］. 中国沙漠, 2020, 40 (1): 179 – 186.

［56］焦华富, 杨显明. 煤炭资源型城市产业结构演替与空间形态演变耦合——以安徽省淮南市为例［J］. 地理学报, 2016, 71 (6): 998 – 1009.

［57］江红莉, 何建敏. 区域经济与生态环境系统动态耦合协调发展研究——基于江苏省的数据［J］. 软科学, 2010, 24 (3): 63 – 68.

［58］金艳清. FDI 对中部地区产业升级的影响研究［D］. 南昌: 南昌大学, 2012.

［59］康玲芬, 李明涛, 李开明. 城市生态—经济—社会复合系统协调发展研究——以兰州市为例［J］. 兰州大学学报 (社会科学版), 2017, 45 (2): 168 – 172.

［60］赖守美, 岳启凡, 詹晓梅. 江西省现代服务业发展研究［J］. 科技广场, 2014 (1): 248 – 252.

［61］雷龙涛. 中部六省多尺度新型城镇化与生态环境协调发展的时

空分异研究［D］．开封：河南大学，2018．

［62］雷石标，徐佳．旅游产业结构优化的影响因素及其作用机理［J］．山西财经大学学报，2021，43（S1）：7－10．

［63］李斌．河南固定资产投资效率存在的问题及建议［J］．中共郑州市委党校学报，2019，18（3）：67－71．

［64］李继明．河南农业现代化进程中存在问题剖析［J］．河南农业，2005（3）：48．

［65］李俊杰，谢宜峰．湖北武陵山片区产业结构协同测度与演进趋势研究［J］．湖北民族大学学报（哲学社会科学版），2020，38（5）：50－57．

［66］李宏伟，刘晓珍．以系统观念推进山水林田湖草沙综合治理［EB/OL］．光明网，https．//share．gmw．cn/theory/2021－03/15/content_34687590．htm．2021－03－15．

［67］李兰冰．区域产业结构优化升级研究［M］．北京：经济科学出版社，2015：11－17．

［68］李孟秋．合肥市工业化和城市化协调水平综合评价与分析［D］．合肥：安徽大学，2010．

［69］李茜，胡昊，李名升，等．中国生态文明综合评价及环境、经济与社会协调发展研究［J］．资源科学，2015，37（7）：1444－1454．

［70］栗继祖，魏晓昕．经济新常态下煤炭资源型城市发展问题及对策研究［J］．煤炭经济研究，2014，34（11）：71－76．

［71］黎望华．湖南粮油工业发展七十年成就综述［J］．粮食科技与经济，2019（S1）：16－22．

［72］李煦，平瑛．基于灰色关联度和动态偏离—份额分析法的上海市海洋产业结构分析［J］．海洋开发与管理，2021（14）：53－57．

［73］李延喜，曾伟强，马壮，等．外部治理环境、产权性质与上市公司投资效率［J］．南开管理评论，2015（1）：25－36．

[74] 李裕瑞，王婧，刘彦随，等．中国"四化"协调发展的区域格局及其影响因素 [J]．地理学报，2014，69（2）：199-212.

[75] 连昌帅，胡心宇．湖北省服务业的发展现状及对策 [J]．对外经贸，2017（5）：58-61.

[76] 廖重斌．环境与经济协调发展的定量评判及其分类体系——以珠江三角洲城市群为例 [J]．热带地理，1999，20（2）：76-82.

[77] 刘保民，高亚宾．基于 RMIF 分析框架的资源型城市转型机制研究——以河南省为例 [J]．经济经纬，2008，25（2）：75-78.

[78] 刘静．中国特色社会主义生态文明建设研究 [D]．北京：中共中央党校，2011.

[79] 刘军．人力资本配置与产业结构演进关系 [J]．改革与战略，2003（1）：6-8.

[80] 刘满凤，刘玉凤．基于多目标规划的鄱阳湖生态经济区资源环境与社会经济协调发展研究 [J]．生态经济，2017，33（5）：100-105+159.

[81] 刘宁，宋秋月，侯佳佳，等．中国旅游产业结构变迁及空间网络演进 [J]．地理与地理信息科学，2020，36（5）：119-127.

[82] 刘亚娟．外国直接投资与我国产业结构演进的实证分析 [J]．财贸经济，2006（5）：50-56+66+97.

[83] 刘再兴．区域经济理论与方法 [M]．北京：中国物价出版社，1993.

[84] 柳百萍，胡文海．安徽省现代农业发展模式研究 [J]．农业经济问题，2011，32（10）：16-20+110.

[85] 罗勤礼．河南投资与经济增长 [J]．中国统计，2007（9）：19-20.

[86] 陆大道．经济地理学的发展及其战略咨询作用 [J]．经济地理，2011，31（4）：529-535.

[87] 马晓河，赵淑芳．中国改革开放30年来产业结构转换、政策演进及其评价 [J]．改革，2008（6）：5-22.

［88］孟卫华，蒋红玲．中部崛起战略与区域协调发展理论［J］．合作经济与科技，2011（16）：24－26.

［89］牛文元．可持续发展之路——中国十年［J］．中国科学院院刊，2002，17（6）：413－418.

［90］牛文元．中国可持续发展战略报告（年度报告）［M］．北京：科学出版社，1999－2004.

［91］潘雄锋，李名子．基于偏离份额分析法的我国区域农业产业结构分析［J］．农业技术经济，2008（3）：32－37.

［92］彭丽筑，杨敏，许枋枋，等．荆州市经济与生态环境保护协调发展评价［J］．合作经济与科技，2020（3）：8－11.

［93］任保平：我国高质量发展的目标要求和重点［J］．红旗文稿，2018（24）：21－23.

［94］任波，戴俊，夏成前，等．中国体育产业结构的内涵解析与供给侧优化［J］．北京体育大学学报，2019，41（4）：16－23.

［95］沙景华，刘刚．资源型城市产业结构优化问题研究——以山西省大同市为例［J］．中国矿业，2005，14（1）：94－97.

［96］单长青，李甲亮，黄宝圣，等．黄河三角洲地区环境与经济协调发展状况评价［J］．湖北农业科学，2011，50（21）：4521－4523.

［97］商允忠，王华清．资源型城市转型效率评价研究——以山西省为例［J］．资源与产业，2012，14（1）：12－17.

［98］商勇．河南省第三产业现状及问题［J］．统计与咨询，2010（3）：32－34.

［99］史俊男，胡心宇．湖北省生产性服务业发展现状与对策［J］．对外经贸，2015（6），48－50.

［100］史学贵，施洁．技术进步、对外贸易与产业结构转型——中国产业结构演进动力分析［J］．经济问题探索，2015（4）：63－69.

［101］石敏俊，逄瑞，郑丹，等．中国制造业产业结构演进的区域分

异与环境效应［J］. 经济地理, 2017, 37（10）: 108 - 115.

［102］石培基, 杨银峰, 吴燕芳. 基于复合系统的城市可持续发展协调性评价模型［J］. 统计与决策, 2010, 26（14）: 36 - 38.

［103］石亚四. 中部地区第三产业发展研究［D］. 南昌: 南昌大学, 2007.

［104］苏昌贵, 魏晓. 中部崛起战略的若干思考［J］. 经济地理, 2006（2）: 207 - 210 + 215.

［105］孙美霞. 政府干预、法治水平与产业结构升级——基于我国省级面板数据的经验证据［J］. 东北财经大学学报, 2020（4）: 39 - 47.

［106］孙正. 流转税改革促进了产业结构演进升级吗? ——基于"营改增"视角的 PVAR 模型分析［J］. 财经研究, 2017, 43（2）: 70 - 84.

［107］唐大平, 严素定, 闫伟伟, 等. 基于耦合模型的黄石市环境质量与经济协调发展研究［J］. 安徽农业科学, 2014, 42（34）: 12281 - 12283 + 12289.

［108］唐昭霞, 朱家德. 产业融合对产业结构演进的影响分析［J］. 理论与改革, 2008（1）: 83 - 86.

［109］田园. 山西省第三产业发展研究——基于第三产业对全省经济贡献视角［J］. 商业经济, 2019（4）: 48 - 49.

［110］王斌, 马宏斌, 张强, 等. 山西现代农业科技创新体系问题与建设研究［J］. 中国农学通报, 2012, 28（21）: 306 - 310.

［111］王昌林. 《深入学习贯彻党的十九届五中全会精神 以推动高质量发展为主题》［N］. 人民日报, 2020 - 11 - 17.

［112］王芳. 河南金融生态环境现状分析及优化研究［J］. 企业活力, 2010（7）: 79 - 82.

［113］王国刚, 杨德刚, 乔旭宁, 等. 基于偏离份额法的新疆工业结构与竞争力研究［J］. 干旱区地理, 2010, 33（5）: 817 - 824.

［114］王海建. 资源环境约束之下的一类内生经济增长模型［J］. 预

测，1999（4）：37－39.

［115］王会芝．京津冀城市群经济社会与生态环境协调发展研究［J］．经济与管理，2017，31（5）：22－26.

［116］王娟玲．山西现代农业发展中存在的问题及对策建议［J］．山西农业科学，2016，44（2）：131－135.

［117］王俊．我国城镇居民消费结构演进与产业结构转换——基于VAR模型的实证研究［J］．山西财经大学学报，2007（7）：28－31.

［118］王丽，郗凤明，王娇月．辽宁省能源消费与经济增长的灰色关联［J］．应用生态学报，2016，27（3）：920－926.

［119］王亮，宋周莺，余金艳，等．资源型城市产业转型战略研究——以克拉玛依为例［J］．经济地理，2011，31（8）：1277－1282.

［120］王瑞．我国"国家区域发展战略"对区域发展的影响［D］．济南：山东大学，2017.

［121］王瑞，魏建．国家区域发展战略对地区产业结构变动的影响——黄河三角洲高效生态经济区的实证分析［J］．东岳论丛，2016，37（10）：142－149.

［122］王瑞，吴晓飞，范玉波．国家区域发展战略对地区投资的影响——以黄河三角洲高效生态经济区为例［J］．经济地理，2015，35（8）：19－23.

［123］王树芳，马金文，黄金．河南省服务业发展现状及内部结构分析［J］．改革与开放，2009（3）：108－109.

［124］王松霈．生态经济学为可持续发展提供理论基础［J］．中国人口·资源与环境，2003（2）：14－19.

［125］王万山．生态经济理论与生态经济发展走势探讨［J］．生态经济，2001（5）：14－16.

［126］王维．长江经济带生态保护与经济发展耦合协调发展格局研究［J］．湖北社会科学，2018（1）：73－80.

［127］王维国．协调发展的理论与方法研究［D］．大连：东北财经大学，1998．

［128］王引荣，梁郭栋．山西现代农业发展存在的问题及对策［J］．山西农业科学，2014，42（5）：503－506．

［129］王中雨．休闲农业中旅游业与农业耦合发展研究——以河南省为例［J］．中国农业资源与区划，2017，38（4）：232－236．

［130］王卓，王璇．川渝城市群城市化对产业结构转型的影响研究——基于京津冀、长三角、珠三角三大城市群的比较［J］．西北人口，2021（3）：1－11．

［131］汪晓梦．我国中部与东部科技创新绩效差异性比较分析［J］．学术交流，2014（4）：112－115．

［132］魏浩，赵春明．对外贸易对我国城乡收入差距影响的实证分析［J］．财贸经济，2012（1）：78－86．

［133］魏敏，李书昊．新时代中国经济高质量发展水平的测度研究［J］．数量经济技术经济研究，2018，35（11）：3－20．

［134］文启湘，冉净斐．消费结构与产业结构的和谐：和谐性及其测度［J］．中国工业经济，2005（8）：14－19＋104．

［135］邬昶俊，付宏．新中国成立70周年湖北工业发展的历史回顾［J］．湖北经济学院学报，2019，17（6），105－112．

［136］吴彼爱，高建华．中部六省低碳发展水平测度及发展潜力分析［J］．长江流域资源与环境，2010，19（S2）：14－19．

［137］邬丽萍．产业专业化、多样化对城市群经济增长的影响［J］．财经理论与实践，2012，33（5）：96－100．

［138］吴业鹏，袁汝华，刘诗园．丝绸之路经济带水资源环境与经济社会协调分析［J］．生态经济，2017，33（9）：152－159．

［139］谢里，樊君欢，吴诗丽．中国区域发展战略实施效果动态评估［J］．地理研究，2014，33（11）：2069－2081．

［140］谢英亮．江西省可持续型矿业经济的发展途径分析［J］．现代矿业．2010，26（6）．

［141］邢帅．河南省外商直接投资与经济增长关系的研究［D］．郑州：郑州大学，2019.

［142］熊赟．江西省服务业发展水平评价［J］．中国集体经济，2009（3）：140－141.

［143］徐可莉．外商直接投资对湖北省产业结构升级的影响研究［D］．成都：西南财经大学，2014.

［144］徐建华．现代地理学中的数学方法［M］．北京：高等教育出版社，2002.

［145］徐应兰．安徽省产业结构升级对劳动力就业的影响研究［D］．蚌埠：安徽财经大学，2018.

［146］许振宇，贺建林，刘望保．湖南省生态—经济系统耦合发展探析［J］．生态学杂志，2008（2）：300－304.

［147］薛选登，王晓燕．基于主成分分析的河南省农业竞争力评价研究［J］．山西农业大学学报（社会科学版），2014，13（11）：1163－1167＋1177.

［148］杨凤．基于变异系数法的安徽省区域创新能力研究［J］．淮南师范学院学报，2017，19（6）：33－37＋103.

［149］杨立，黄涛珍．基于耦合协调度模型的生态文明与新型城镇化作用机理及关系研究［J］．生态经济，2019，35（12）：60－66.

［150］杨剩富，胡守庚，叶菁，等．中部六省新型城镇化发展协调度时空变化及形成机制［J］．经济地理，2014，34（11）：23－29.

［151］杨显明，焦华富．煤炭资源型城市产业结构锁定的形成、演化及机理研究——以淮北市为例［J］．地理科学，2015，35（10）：1256－1264.

［152］杨治．产业经济学导论［M］．北京：中国人民大学出版社，1985.

［153］姚鹏，张明志．新中国70年中国中部地区工业发展——历程、

成就、问题与对策［J］. 宏观质量研究，2019，7（2）：103 - 113.

［154］尤飞，王传胜. 生态经济学基础理论、研究方法和学科发展趋势探讨［J］. 中国软科学，2003（3）：131 - 138.

［155］俞金国，王丽华. 产业结构演进过程及机理探究——以安徽省为例［J］. 人文地理，2005（5）：109 - 113.

［156］于海楠，于谨凯，刘曙光. 基于"三轴图"法的中国海洋产业结构演进分析［J］. 云南财经大学学报，2009，25（4）：71 - 76.

［157］于洋，陈才. 区域视角下中国经济—能源—环境—科技四元系统耦合水平演变特征及提升策略［J］. 经济问题探索，2018（5）：139 - 144 + 157.

［158］余庆来，雷艳丽，李廷春."十三五"安徽农业科技发展战略研究与探讨［J］. 农业科研经济管理，2015，22（3）：2 - 5 + 8.

［159］张国强，温军，汤向俊. 中国人力资本、人力资本结构与产业结构升级［J］. 中国人口·资源与环境，2011，21（10）：138 - 146.

［160］张斐斐，黄林海，吴海洋，等. 赣州市现代农业发展现状、问题及对策［J］. 中国农业信息，2016（2）：17 - 20.

［161］张复明，景普秋. 资源型区域中心城市的产业演进与城市化发展——以太原市为例［J］. 中国人口·资源与环境，2007（2）：121 - 126.

［162］张恒. 湖北省农业标准化发展现状及对策研究［D］. 武汉：华中师范大学，2015.

［163］张军扩，侯永志，刘培林，等. 高质量发展的目标要求和战略路径［J］. 管理世界，2019，35（7）：1 - 7.

［164］张丽君，刘佳骏. 内蒙古自治区社会、资源、生态与经济协调发展研究［J］. 中央民族大学学报（哲学社会科学版），2009（1）：61 - 67.

［165］张琳，任保平. 我国中部六省能源消费与经济增长——基于中部6省面板数据的协整检验［J］. 经济经纬，2009（4）：69 - 72.

［166］张琪. 煤炭资源型城市"生态—经济—社会"多维关系协调发

展研究——以淮南市为例［D］．合肥：安徽大学，2019．

［167］张强，李支援．湖南省耕地资源现状和可持续利用对策［J］．农业现代化研究，2002（6）：469－471．

［168］张翔．中部地区新型城镇化水平对农村居民消费结构的影响［D］．重庆：西南大学，2020．

［169］张幸．城镇化对农村居民消费的影响研究［D］．荆州：长江大学，2017．

［170］张振江．农业大省现代农业建设问题研究——以河南省为例［J］．经济经纬，2009（4）：114－117．

［171］张雪莲．河南省产业结构现状分析及对策探究［J］．现代商贸工业，2021，42（3）：1－2．

［172］张云飞、李娜．坚持山水林田湖草沙冰系统治理［J］．城市与环境研究，2022（1）：12－30．

［173］张正勇，刘琳，唐湘玲，等．城市人居环境与经济发展协调度评价研究——以乌鲁木齐市为例［J］．干旱区资源与环境，2011，25（7）：18－22．

［174］赵国浩，车康模，卢晓庆．基于产业集中度视角的山西煤炭资源整合分析［J］．煤炭经济研究，2010，30（2）：15－18．

［175］赵建吉，刘岩，朱亚坤，等．黄河流域新型城镇化与生态环境耦合的时空格局及影响因素［J］．资源科学，2020，42（1）：159－171．

［176］赵建军，杨博．"绿水青山就是金山银山"的哲学意蕴与时代价值［J］．自然辩证法研究，2015，31（12）：104－109．

［177］赵蒙，张胜利，高志强．湖南休闲农业发展现状与对策研究［J］．作物研究，2012，26（6）：679－681．

［178］赵若锦．FDI对山西产业结构的优化作用研究［D］．太原：山西财经大学，2014．

［179］赵艺．江西省外商直接投资现状、问题与对策［J］．对外经

贸，2012（2）：63-64.

［180］郑长德．基于新经济地理学视角的支持欠发达地区经济发展的政策研究［J］．西南民族大学学报（人文社会科学版），2012，33（7）：95-100.

［181］中华人民共和国水利部．中国水资源公报2019［M］．北京：水利水电出版社，2019.

［182］朱汉雄．中部地区城乡统筹发展战略研究［D］．武汉：武汉理工大学，2010.

［183］朱红阳，庄岚．区域发展战略对区域经济发展的意义——以贵州省为例［J］．决策探索（下），2020（2）：58-59.

［184］周宏莉．安徽省政府投资效应的实证研究［D］．合肥：安徽大学，2017.

［185］周宏亮．新时代背景下中部崛起战略的新内涵［J］．科技进步与对策，2012，29（11）：25-28.

［186］周宏亮．中部崛起战略的功能定位与行动部署［J］．科技创业月刊，2012，25（5）：1-4.

［187］周洁．浓墨重彩写辉煌——改革开放以来山西煤炭工业发展回顾［J］．前进，2008，15（10）：13-16+27.

［188］周绍森，王志国，胡德龙．"中部塌陷"与中部崛起［J］．南昌大学学报（人文社会科学版），2003，41（6）：54-60.

［189］周晞彤．中国东部、中部、西部资本配置效率差异的研究［J］．全国流通经济，2019（4）：83-85.

［190］左荣昌，杨柳．江西第二产业在新时期下的承接与转型［J］．老区建设，2016（14），33-35.

［191］Alsamara M., Mrabet Z., Saleh A. S., Anwar S. The Environmental Kuznets Curve Relationship: A case Study of the Gulf Cooperation Council Region［J］. Environmental Science and Pollution Research, 2018, 25（33）：

33183 – 33195.

[192] Bushman R. M. , Piotroski, J. D. , Smith, A. J. What Determines Corporate Transparency? [J]. Journal of Accounting Research, 2004, 42 (2): 207 – 252.

[193] Byrne J. , Li X. The Challenge of Sustainability: Balancing China's energy, economic and environmental goals [J]. Energy Policy, 1996, 24 (5): 455 – 462.

[194] Carson, R. Silent Spring [J]. Forestry, 1963, 304 (6): 704.

[195] Chen T. , Peng L. , Wang Q. , Liu S. , Measuring the Coordinated Development of Ecological and Economic Systems in Hengduan Mountain Area [J]. Multidisciplinary Digital Publishing Institute, 2017, 9 (8).

[196] Dong Suocheng, Li Fei, Li Zehong, Jin Xianfeng. The Environmental Kuznets Curve and Spatial Pattern of Environmental—Economy in China: Evidence from a Panel Cointegration Test [J]. Journal of Resources and Ecology, 2010, 1 (2): 169 – 176.

[197] Grossman G. M. , Krueger A. B. Environmental Impacts of a North American Free Trade Agreement [R]. National Bureau of Economic Research, 1991.

[198] Kates R. , Clark W. , Corell R. , et al. Environment and Development: Sustainability Science [J]. Science, 2001, 292 (5517): 641 – 642.

[199] Laitner J. Structural Change and Economic Growth [J]. The Review of Economic Studies, 2000, 67 (3): 545 – 561.

[200] Lu H. , Zhou L. , Chen Y. , An Y. , Hou C. Degree of Coupling and Coordination of Eco – Economic System and the Influencing Factors: A Case Study in Yanchi County, Ningxia Hui Autonomous Region, China [J]. Journal of Arid Land, 2017, 9 (3): 446 – 457.

[201] Mishan E. J. The Economic Growth Debate [M]. London: Allen

and Unwin, 1977.

[202] Oliveira C. , Antunes C. H. A Multiple Objective Model to Deal With Economy – Energy – Environment Interactions [J]. European Journal of Operational Research, 2004, 153 (2): 370 – 385.

[203] Rostow W. W. The Stages of Economic Growth: A Non – Communist Manifesto [M]. Cambridge, UK: Cambridge University Press, 1960.

[204] Schumacher E. F. Small is Beautiful: A Study of Economics as if People Mattered [M]. London: Blond Briggs, 1973.

[205] Song T. , Zheng T. , Tong L. An Empirical Test of the Environmental Kuznets Curve in China: A Panel Cointegration Approach [J]. China Economic Review, 2007, 19 (3): 381 – 392.

[206] Stern D. I. , C. M. S. Is There an Environmental Kuznets Curve for Sulfur? [J]. Journal of Environmental Economics and Management, 2001, 41 (2): 162 – 178.

[207] Tzeremes P. Does the Environmental Kuznets Curve Exist in the Chinese Regions? [J]. Global Economic Review, 2019, 48 (4): 363 – 377.

[208] Wang R. , Zhou T. , Hu D. , Li F. , Liu J. Cultivating Eco – Sustainability: Social – Economic – Natural Complex Ecosystem Case Studies in China [J]. Ecological Complexity, 2011, 8: 273 – 283.

[209] Zhang Y. , Chen X. , Wu, Y. Shuai C. , Shen, L. The Environmental Kuznets Curve of CO_2 Emissions in the Manufacturing and Construction Industries: A global Empirical Analysis [J]. Environmental Impact Assessment Review, 2019, 79, 106303.

[210] Zhou D. , Xu, J. , Lin, Z. Conflict or Coordination? Assessing Land Use Multi – Functionalization Using Production – Living – Ecology Analysis [J]. Science of the Total Environment, 2017, 577: 136 – 147.